SÍNDROME DE DOWN E AS PRÁTICAS PEDAGÓGICAS

Dados Internacionais de Catalogação na Publicação (CIP)
(Câmara Brasileira do Livro, SP, Brasil)

Lima, Ana Cristina Dias Rocha
    Síndrome de Down e as práticas pedagógicas / Ana Cristina Dias Rocha Lima. – Petrópolis, RJ : Vozes, 2016.
    Bibliografia.

    9ª reimpressão, 2025.

    ISBN 978-85-326-5189-1
    1. Crianças deficientes mentais – Educação 2. Educação especial 3. Prática pedagógica 4. Síndrome de Down I. Título.

15-10568   CDD-371.928

Índices para catálogo sistemático:
1. Crianças com Síndrome de Down : Educação especial   371.928
2. Crianças com Síndrome de Down : Educação inclusiva   371.928

Ana Cristina Dias Rocha Lima

SÍNDROME DE DOWN E AS PRÁTICAS PEDAGÓGICAS

EDITORA VOZES

Petrópolis

© 2016, Editora Vozes Ltda.
Rua Frei Luís, 100
25689-900 Petrópolis, RJ
www.vozes.com.br
Brasil

Todos os direitos reservados. Nenhuma parte desta obra poderá ser reproduzida ou transmitida por qualquer forma e/ou quaisquer meios (eletrônico ou mecânico, incluindo fotocópia e gravação) ou arquivada em qualquer sistema ou banco de dados sem permissão escrita da editora.

CONSELHO EDITORIAL

Diretor
Volney J. Berkenbrock

Editores
Aline dos Santos Carneiro
Edrian Josué Pasini
Marilac Loraine Oleniki
Welder Lancieri Marchini

Conselheiros
Elói Dionísio Piva
Francisco Morás
Teobaldo Heidemann
Thiago Alexandre Hayakawa

Secretário executivo
Leonardo A.R.T. dos Santos

PRODUÇÃO EDITORIAL

Anna Catharina Miranda
Bianca Gribel
Eric Parrot
Jailson Scota
Marcelo Telles
Mirela de Oliveira
Natália França
Priscilla A.F. Alves
Rafael de Oliveira
Samuel Rezende
Verônica M. Guedes
Vitória Firmino

Editoração: Flávia Peixoto
Diagramação: Sheilandre Desenv. Gráfico
Capa: Omar Santos
Ilustração de capa: © Denis Kuvaev | Shutterstock

ISBN 978-85-326-5189-1

Este livro foi publicado anteriormente pela Editora Baraúna, em 2012.

Este livro foi composto e impresso pela Editora Vozes Ltda.

Dedico este livro a todas as pessoas com Síndrome de Down, principalmente aos alunos do Centro de Atendimento à Síndrome de Down de Jundiaí e a cada um de seus pais.

Agradeço:

- Aos meus pais, Antônio (Toninho) e Maria Inêz (Dona Inêz), que nunca me deixaram desistir dos sonhos e sempre me incentivaram a continuar lutando.
- Ao meu companheiro das horas inseparáveis, Rogério.
- Às minhas filhas Mônica e Beatriz, fontes de inspiração.
- À minha irmã mais velha, que me apoiou e ajudou a concretizar este sonho.
- A Aneci Valéria Dias Rocha Lima Fernandes.

Sumário

Prefácio, 9

1 Síndrome de Down e as práticas pedagógicas, 11

2 Síndrome de Down, 26

3 Práticas pedagógicas I, 37

4 Práticas pedagógicas II, 42

5 Prática de ensino, 52

6 Componente curricular: Matemática, 72

7 Componente curricular: Natureza e Sociedade, 90

8 Componente curricular: Artes, 101

9 Componente curricular: Formação Pessoal e Social, 116

10 Modalidades organizativas – Projetos da Smece, 120

11 Síndrome de Down: uma abordagem psicoterapêutica, 125

Conclusão, 137

Referências, 141

Prefácio

Recebi o convite para escrever este prefácio da Ana Cristina Dias Rocha Lima, ou como a chamo carinhosamente "Tine".

A princípio, com uma mistura de sentimentos, uma grande alegria e satisfação juntas de uma grande preocupação, pois vindo da "Tine" só poderia ser um trabalho plausível e sublime, que desafio então passei a ter.

Ao colocar os meus pensamentos em um livro, mas não é só um livro, é o livro da "Tine", que é um exemplo de profissionalismo e de humanidade, não posso deixar passar a oportunidade de colocar em público que a admiro muito e que é um imenso prazer dividir e participar do mundo com você.

Agora preciso cumprir com a minha missão e falar um pouco deste livro. Quando o comecei a ler, ficou claro todo o desempenho que foi feito para se chegar neste trabalho tão rico de conhecimentos e cheio de experiências.

Este trabalho que você acompanhará nas próximas páginas deste livro traz a possibilidade de buscar diferentes meios para entender e oferecer um melhor processo educacional para as pessoas com Síndrome de Down, levando a refletir quanto ao uso contínuo de estímulos e incentivo sobre a capacidade de raciocínio dessas pessoas.

Fica claro que a autora deste livro o fez com o desejo de ter a oportunidade, por meio de seus conhecimentos e vivências, de contribuir e dividir com todos nós, educadores que ingressam no processo educacional dessas pessoas, sua experiência.

A autora confirma, por meio da sua atuação, que, com o uso de um currículo significativo, de novas ideias, de uma nova proposta e, se pensando em um desenvolvimento global, todo ser humano pode ter um lugar melhor no mundo.

A leitura de um dos parágrafos do livro nos coloca a importância dos conhecimentos prévios, das características culturais e históricas dos alunos aos quais iremos oferecer uma educação com qualidade, enfatizando que não podemos descartar o que cada um traz, e sim aprimorar.

Por fim, assim como o desejo da autora, eu também tenho o meu, de que este livro possa ampliar os olhares em torno do processo educacional de pessoas com Síndrome de Down, para que possamos fazer a real diferença na vida dessas pessoas.

Se em apenas uma frase pudesse afinar este prefácio, colocaria que este trabalho tão rico, que vai além do que o título traz, não é apenas um livro sobre práticas ou reflexões acerca do processo educacional e da educação em si, é também um livro de possibilidades, que cria o encontro entre as possibilidades de se experimentar as bordas e os limites e, mais do que isso, é um livro para grandes construtores de oportunidades.

Que todos possam ter o excelente proveito que eu tive na leitura das páginas, que nos sirva como um norteador, para que não deixemos nunca de usar e incentivar a criatividade, talento e habilidade.

Carlos Eduardo Teodoro Vieira
Pedagogo
Especialista em Educação Especial
Paraibuna, 14 de abril de 2012.

1

Síndrome de Down e as práticas pedagógicas

O tema proposto é um convite à reflexão às práticas pedagógicas de muitos profissionais que trabalham com pessoas com Síndrome de Down.

O trabalho que desenvolvi na entidade especializada somente em Síndrome de Down envolve as cinco áreas de estimulação: cognição, desenvolvimento motor, socialização, autocuidados e linguagem, pensadas a partir do diagnóstico pedagógico levantado da sala que trabalhei durante os anos de 2007 a 2010.

As atividades pedagógicas realizadas foram pensadas dentro de um plano de trabalho, denominado Plano de Ensino, que englobou as cinco áreas de estimulação diagnosticadas, e foram trabalhadas ao longo desses anos com os alunos de faixa etária entre 11 e 24 anos, de ambos os sexos, de uma instituição no município de Jundiaí, SP.

O plano contemplou as seguintes disciplinas: Linguagem Oral e Escrita, Matemática, Formação Pessoal e Social, Artes, Natureza e Sociedade, todas com justificativa, objetivos, avaliação e atividades descritos a partir de estudos que realizei sobre plano de aula e plano de ensino.

O trabalho, baseado na ideia construtivista, no respeito mútuo, na troca entre as pessoas que foram envolvidas no processo do ensino e da aprendizagem, levou em consideração os conhecimentos prévios de cada um dos alunos, suas características pessoais, culturais e históricas, além de nortear toda uma caminhada na construção de um saber educacional, ora individual, ora coletivo. Serviu de ajuda nas mudanças que se fizeram necessárias ao longo do trabalho para melhor atender às necessidades dos alunos com Síndrome de Down.

Os diagnósticos realizados permitiram mapear as dificuldades de cada um em particular e auxiliou a montar a intervenção pedagógica de forma individual e coletiva.

O trabalho com os alunos culminou em uma prática pedagógica que envolveu tempo, espaço e identidade. No intuito de entender que a identidade é construída constantemente, pretendo falar um pouco dela e de como as pessoas se enganam ao pensá-la pronta e acabada.

Os alunos que eu atendia não estudavam em outra escola, sendo assim, eles iam para a instituição como se estivessem indo para uma escola da rede.

A convivência entre eles os levava a aprender as manias ou as estereotipias do outro. Havia um aluno que sempre batia nos colegas e isso acabou servindo de exemplo para outros que começaram a fazer a mesma coisa.

Na tentativa de ajudar a amenizar esse problema de bater; de estereotipias, e outros comportamentos, passei a anotar as frequências com que aconteciam os incidentes entre eles, ou algum outro comportamento ou episódio, ou atitudes que julgasse relevante e analisava cada uma para pensar uma possível solução.

Feito isso, passei a usar uma ficha que pudesse anotar diariamente o comportamento e atitudes de cada um. Conforme modelo abaixo.

DATA	PROCEDIMENTO	ASSINATURA

Marcava-se o dia, mês e ano, depois um episódio que considerei importante, ou comportamento ou atitudes; e na frente a minha assinatura.

Esse tipo de material foi de fácil acesso para estudos e análises dos alunos.

Veja um modelo abaixo preenchido e que ajudou a equipe a compreender o que estava acontecendo com cada aluno.

Data	Procedimento	Assinatura
22/05/2007 3ªF	P.: Agrediu o colega e saiu correndo da sala, precisei de ajuda para acalmá-la. A Psicóloga A. ajudou-me com ela, que estava nervosa e chorando muito. Conversamos com a aluna e a fizemos pedir desculpas para o colega agredido.	
13/03/2008 5ªF	JN.: Não quis ajuda para o banheiro e nem para comer. Tem se demonstrado mais confiante e autônoma. Pois tem procurado fazer a maior parte das tarefas sozinha, apesar da sua deficiência física.	
11/03/2009 4ªF	J.: Estava com muito sono e não conseguiu fazer muito do pedagógico. Na hora do almoço engasgou, não conseguiu comer direito.	

Essas informações ajudaram o neurologista, o fisioterapeuta, a fonoaudióloga e os outros da equipe a entender melhor o quadro de cada aluno.

No meu caso – o pedagógico –, eu respeitava o momento e o ritmo dos alunos, pois para alguns escrever e ler, ou até mesmo contar, recitar números e fazer cálculos não era o mais importante naquele momento. O importante era ele se manter bem, aprender a se limpar, a comer melhor, a respeitar o colega, a não brigar e agredir.

A análise desta ficha de procedimento serviu para melhorar o atendimento individual com os alunos e também em grupo, no que se refere principalmente à questão da agressão física que eles sofriam entre eles. O fato de bater no outro quando não atendido naquele momento ou de não compreendido.

Pensar num trabalho que não reforçasse esse tipo de comportamento negativo foi um desafio um tanto gostoso. Fiz alguns cartazes para ajudar a repensar as práticas de relação. E sugeri outra identidade.

Observe as fotos abaixo.

O quadro sugere algumas atitudes de higiene pessoal e coletiva; por exemplo, ir ao banheiro, dar descarga e lavar as mãos; lavar as mãos antes das refeições; manter o ambiente em que se está limpo; jogar lixo no lixo.

Depois mudei o quadro dos cuidados básicos com fotos com eles praticando os cuidados que haviam aprendido. Teve mais significado para todos. A mudança veio, porque pensei ser melhor do que deixar os desenhos da Turma da Mônica, que, ao meu ver, estava infantilizando a turma.

1) Combinados

Os combinados foram as regras estipuladas em sala de aula pelos alunos em conjunto com a professora, que foram escritos na lousa e depois transcritos para um cartaz que ficou pregado no mural da sala, para que os alunos não esquecessem.

Na sala, os alunos fizeram cartazes da mão, colagem da boca, das pernas e pés, e ditaram à professora o que queriam que ela escrevesse em cada cartaz.

Esses combinados foram feitos na tentativa de amenizar os problemas levantados.

Este cartaz ajudou os alunos a pararem de chutar os amigos, e sugeriu outros comportamentos positivos a ser imitados.

O cartaz com a mão teve o mesmo sentido dado para os pés. Usarem de forma positiva.

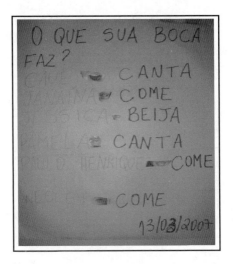

E com a boca também fizemos um cartaz que ficou até o final do ano para ajudar a manter o comportamento positivo. Esses cartazes eram lidos todos os dias.

A identidade dos alunos com Síndrome de Down foi trabalhada a partir dos espaços ocupados por eles, assim como o tempo que eles se utilizavam para se orientar na sua vida cotidiana. Sendo assim, várias práticas sociais foram levadas para a sala de aula, no intuito de verificar qual o conceito de identidade que eles haviam construído e que lugar ocupavam na vida social.

Algumas dessas práticas se tornaram permanentes: 1) o uso do espelho na hora da escovação; 2) o uso da ficha de chamada; 3) as músicas que trabalharam os nomes de cada um, bem como o Hino Nacional e outras cantigas de roda; 4) oração.

1) Uso do espelho na hora da escovação.

2) O uso da ficha de chamada.

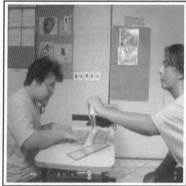

2) Chamada

A chamada na sala era realizada todos os dias no intuito de trabalhar a escrita, a leitura e a oralidade de cada um deles.

Foram feitas seis fichas no começo do ano que depois precisou-se estender para sete, pois entrou um aluno novo e seu nome não constava na chamada.

No primeiro dia, pedi aos alunos para escreverem o seu nome; dessa forma pude verificar como cada um o escrevia.

No segundo dia, escrevi três nomes, um dos quais era o nome do aluno, e perguntei a cada um qual era o seu nome.

No terceiro dia, pedi para que copiassem o seu nome do cartão, com o objetivo de verificar a capacidade de cada um de reprodução dos traçados das letras.

No quarto dia, reescrevi o nome do aluno em uma folha e perguntei a cada um o que estava escrito nela.

No quinto dia, passei a mostrar as iniciais de todos os nomes dos alunos da sala, perguntando qual o nome da primeira letra e de quem poderia ser aquele nome; quem na sala começava com aquela letra.

Ex.: Ocultava a segunda letra em diante.

No sexto dia, passei a mostrar a letra final e questionava de quem poderia ser aquele nome; quem na sala teria o nome que terminasse com aquela letra. Ex.: Ocultava todas menos a última.

No sétimo dia, ocultava da segunda sílaba em diante.

Ex.:

No oitavo dia, ocultava todas as letras menos a última sílaba.

Ex.:

3) Música

As músicas cantadas por eles foram várias, envolviam o nome da cada um, como uma forma de guardarem o nome dos colegas e também de se identificarem quando pronunciados os seus nomes. Ora essas músicas eram cantadas por eles com apoio do CD, ora com o apoio da professora.

As músicas fizeram parte de um dos materiais didáticos, nesse caso um CD de músicas infantis.

Músicas

A) Boa tarde, coleguinha!

Boa tarde, coleguinha! Como vai? (2x)
Faremos o possível para sermos bons amigos.
Boa tarde ....! Como vai? (Fala-se o nome de um coleguinha da sala.)

B) Onde está o coleguinha?

- *Oh, ...* (2 x) (Fala-se o nome de um coleguinha da sala.)
- *Onde está?* (Sala toda.)
- *Aqui estou!* (Resposta do(a) aluno(a).)
- *Vamos dar boa tarde, vamos dar boa tarde!* (Sala toda.)
- *Como vai!* (Sala toda.)
- *Eu vou bem!* (Resposta do aluno.)

Hino Nacional Brasileiro sendo cantado dentro da biblioteca da instituição.

O Hino Nacional passou a ser cantado depois que eu o introduzi todas as sextas-feiras. Fiz o convite para as outras professoras do período que não hesitaram em participar do hino, assim como da roda de músicas.

A roda e o hino ajudaram a trabalhar a linguagem oral e escuta dos alunos.

Alunos na roda de músicas dentro da biblioteca, que acontecia todas as sextas-feiras depois de cantarem o Hino Nacional.

4) Oração

Os alunos realizavam a oração no início da aula, todos os dias, o que proporcionou a todos sua memorização; a oração foi construída por eles no começo do ano, tendo a professora como escriba. Ela ajudou na leitura e escrita de textos memorizados e também serviu para respeitar a identidade religiosa de cada um. Todos acreditavam em Deus, embora nem todos fossem católicos.

> *Senhor, muito obrigado por mais este dia;*
> *pelos colegas, pelas professoras e por todos que trabalham aqui.*
> *Abençoe a todos nós.*
> *Amém.*

Outros cartazes como: calendário, estações do ano, meses do ano etc. também propiciaram uma construção constante do eu.

Este foi o primeiro calendário usado com os alunos em 2007, depois mudei a forma de trabalhá-lo com eles.

Analisei o segundo calendário e o achei infantilizado demais, então mudei para o convencional, mais parecido com o que eles encontram no seu dia a dia.

Depois passei a trabalhar com o calendário na lousa, o ajudante do dia era quem procurava a data e fazia a marcação.

Este calendário foi o que utilizei por último, porque deu para aproveitar e ensinar os meses do ano juntamente e de uma forma mais nítida para todos. Dessa forma eles puderam entender que o ano tinha doze meses.

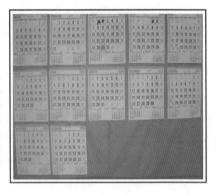

Este foi o primeiro cartaz das estações do ano, mas como me pareceu um tanto infantilizado mudei para recortes de revistas.

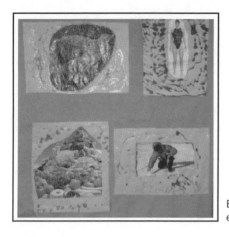
Este foi o último cartaz de estações que trabalhei com eles.

Roda de conversa

A roda de conversa era realizada todos os dias no intuito de conversar com os alunos, estimulando assim a linguagem, a cognição e a socialização. Era perguntado a todos os alunos como passaram do dia anterior para o dia atual; quem os havia levado para a escola; quem iria buscá-los; o que esperavam daquele dia. Depois era escrita a rotina na lousa e comentado com eles sobre cada item dela que seria realizado naquele dia.

Os alunos estavam dando sugestões nas aulas, criticavam quando não gostavam de alguma atividade e até propuseram outras, demonstrando que, ao contrário do que muita gente chega a pensar a respeito de terem a Síndrome de Down, que não são capazes nem de memorizar, eles demonstraram que são capazes de *"pensar com seus próprios pensamentos"* e tecerem sua própria identidade, espaço e tempo, além de se fazerem respeitados.

A avaliação de todo o trabalho pedagógico foi um dos momentos mais importantes, pois ajudou a apontar os resultados positivos e negativos, de todo o caminho traçado e percorrido pelos sujeitos desse processo de ensino e aprendizagem: professora e alunos.

O trabalho realizado serviu de pesquisa e pode auxiliar outros profissionais que atendem pessoas com Síndrome de Down.

Espero que este livro possa servir de reflexão para muitos que estão pensando a educação no Brasil numa ótica compromissada e responsável com seus cidadãos, por meio de um tempo, um espaço e uma identidade que necessitam ser reconstruídos. Que esse mesmo livro possa servir de injeção de ânimo a todos aqueles que já pensaram em desistir por se verem cansados de lutar pela educação neste país de tantas diferenças e de tantas injustiças.

Desejo boa leitura!

2

Síndrome de Down

Ter a síndrome não significa que a pessoa deixa de ser gente, ou que passa a ter uma doença que um dia poderá ter cura. Na verdade ela não é uma doença e sim uma deficiência.

E o que é deficiência?

As deficiências são relativas a toda alteração do corpo ou da aparência física, de um órgão ou de uma função; qualquer que seja sua causa, em princípio significam perturbações em nível de órgão.

As características são perdas ou alterações que podem ser temporárias ou permanentes e que incluem existência ou ocorrência de uma anomalia, defeito ou perda de um membro, órgão, tecido ou outra estrutura do corpo, incluindo a função intelectual.

A deficiência representa a exteriorização de um estado patológico e, em princípio, reflete perturbações em nível de órgão. Ela vem acoplada à incapacidade e à desvantagem. Vejamos o que são.

A incapacidade reflete as consequências das deficiências em termos de desempenho e da atividade funcional do indivíduo; as incapacidades representam perturbações relacionadas à própria pessoa. Sua caracterização é por excesso ou insuficiência no comportamento ou no desempenho de uma atividade que se tem por comum ou normal. Podem ser temporárias ou permanentes, reversíveis e progressivas. É possível, ainda, surgir como consequência direta da deficiência, ou, como resposta do indivíduo – sobretudo psicológica –, as deficiências físicas, sensitivas ou outras.

Elas representam uma objetivação de uma deficiência e, como tal, refletem perturbações em nível da pessoa. São exemplos as perturbações no adequar do comportamento, no cuidado pessoal (com o controle dos esfíncteres e a capacidade de se lavar e de se alimentar), no desempenho de outras atividades da vida diária e nas atividades da locomoção (como a capacidade de andar).

A desvantagem diz respeito aos prejuízos que o indivíduo experimenta devido à sua deficiência e à sua incapacidade; refletem, pois, a adaptação do indivíduo e a interação dele com o meio.

As desvantagens referem-se ao valor dado à situação ou à experiência do indivíduo, quando aquele se afasta da norma. Esse valor caracteriza-se pela discrepância entre a atuação, o estatuto, as aspirações do indivíduo e as expectativas dele ou de um determinado grupo a que pertence. Assim, elas representam a expressão social de uma deficiência ou incapacidade, e como tal refletem consequências culturais, sociais, econômicas e ambientais. Provêm da falha ou impossibilidade em satisfazer as expectativas ou normas do universo em que o indivíduo vive.

Há muitas inverdades sobre as pessoas que têm Síndrome de Down. Muitos acham que elas apresentam uma sexualidade exacerbada; que nunca aprenderão; que não podem viver sozinhas; que não têm competência para aprender; que não têm mercado de trabalho para elas, e assim vai.

Agora, com este capítulo, espero poder atender à curiosidade de muitos e também lhes dar a informação correta a respeito dessas pessoas.

Quero dizer que essas pessoas são como cada um de nós que não temos deficiência. Elas sonham, amam, trabalham, estudam, aprendem, surfam, praticam lutas marciais, natação e fazem muitas outras coisas que muitos de nós não fazemos.

Tem gente que pensa que eles são apenas brancos, mas na verdade eles podem ser negros, brancos, japoneses... Podem ser ricos, pobres, classe média, ou seja, essa síndrome não escolhe pessoa, sexo, classe social ou etnia.

O nome dessa síndrome veio em homenagem ao médico britânico que a descobriu, John Langdon Down, que a descreveu em 1862.

Há pessoas que pensam que, por ter sido descoberta por um médico, a síndrome é uma doença, mas na verdade não é. Ela é uma mudança genética.

A Síndrome de Down é associada a um atraso intelectual, devido à malformação congênita. Ela é bastante visível. Assim que a criança nasce, percebe-se a síndrome.

Os traços comuns são: fissuras palpebrais inclinadas para cima; ausência de reflexo de Mora (abertura dos braços logo que nasce); hipotonia (a criança é muito mole); pescoço curto; ponte nasal plana; orelhas com implantação baixa; boca aberta; língua saliente sulcada; mãos curtas e largas; na mão uma única prega palmar transversal ou transversa; os pés apresentam espaço entre o primeiro dedo e o segundo.

As pessoas com essa síndrome apresentam cardiopatia congênita. Tal problema pode impedir seu nascimento, ou quando chegam a nascer, se muito sério, não têm muito tempo de vida.

Apresentam risco de leucemia; anomalias no trato urinário; pode ter hipotiroidismo; retardo na formação óssea e problemas de infecções (são mais suscetíveis).

Existe um exame chamado de cariotipagem que dá informações sobre o risco de ocorrência da síndrome.

Uma pessoa pode ter a trissomia do 21. Em relação aos que são acometidos, em 95% dos casos acontecem por disjunção do cromossomo, 4% por translocação, e 1% por mosaicismo.

Quando é por mosaicismo, a alteração genética compromete apenas parte das células, ou seja, algumas células têm 47 e outras 46 cromossomos (2% dos casos de Síndrome de Down); são casos mais leves.

Translocação é quando a mãe tem risco de ter outros filhos deficientes. O cromossomo extra do par 21 fica grudado em outro cromossomo. Nesse caso, embora o indivíduo tenha 46 cromossomos, ele é portador da Síndrome de Down (cerca de 3% dos casos).

A incidência da Síndrome de Down aumenta com a idade materna e com a trissomia na mãe. A trissomia 21 é uma mudança genética justamente no cromossomo 21. A pessoa possui 47 cromossomos em todas as células do corpo (ocorre em 95% dos casos de Síndrome de Down). Todos nós temos 46 cromossomos, vindo 23 da mãe e 23 do pai. Já os que têm a síndrome possuem um a mais, portanto ficam com 47.

A sexualidade das pessoas com Síndrome de Down é vista de forma pejorativa e preconceituosa. Dizem que elas apresentam uma sexualidade exacerbada. Será? Vejamos as experiências pelas quais os alunos que atendi passaram.

A sexualidade deles não é diferente da das outras pessoas, mas pude notar que a proteção excessiva dos pais ajudou a atrasar, a interferir e, em alguns casos, a impedir a vivência sexual.

Na sala de aula havia alguns alunos, tanto meninos quanto meninas, que se masturbavam. Precisei conversar muito com eles, explicando que deveriam fazer no banheiro, e, em casa, no quarto ou no banheiro também.

Aproveitei para conversar com alguns pais para orientá-los a como agir com seu filho e sua filha em casa. Que aquilo que seu filho, ou sua filha, estavam fazendo era normal do corpo. Imagine, nem nós temos tanta facilidade para encarar uma masturbação, imagina os pais dessas pessoas. Para eles era muito constrangedor.

Procurei falar de forma clara e sem rodeios, não fiquei procurando outros nomes que não fossem masturbação, pênis e vagina. Aliás, o tabu sobre esses vocabulários permeiam até quem não tem deficiência. As próprias pessoas da instituição encararam com certa dificuldade este tema, apesar de montarem uma oficina sobre sexualidade.

Eu trabalhei com os alunos, mesmo intuitivamente não querendo, pois eu sabia que precisaria de muito estímulo e reforço para saber como fazer. Lembro que um aluno meu se apaixonou por uma aluna de outra sala. Eu encarei com a maior naturalidade, até mesmo porque eu estudara muito para trabalhar esse tema com uma sociedade preconceituosa.

Na época da faculdade não via a hora de entrar em ação. Depois que me formei, não parei mais de tratar o tema da sexualidade.

No começo, a professora da sala da menina pela qual o meu aluno se apaixonou não foi a favor, porque ela estava preocupada com o que a diretora e as outras pessoas da instituição pensariam e em como ela prepararia os pais. A professora não tinha nenhum curso sobre deficiência e não conhecia de perto, como eu, as dificuldades e potencialidades dessas pessoas. Então foi a hora de conversar com a colega e explicar de uma forma adequada como a coisa funcionava.

Eu não estava preocupada com o que pensariam, mas estava articulando o que eu queria que elas pensassem. E como eu agiria para que fizessem o melhor para aqueles alunos.

Com o tempo, a professora entendeu a situação e passou a ser uma aliada na luta, para que os alunos, qualquer um que se apaixonasse, pudesse ter a vez de namorar.

A instituição no começo foi contra, mas depois foi cedendo, até que passou a aceitar como uma prática natural. Os alunos passaram a receber orientações das psicólogas e também das terapeutas, além, é claro, das professoras da sala de aula. Os pais também eram orientados e acompanhavam tudo bem de perto. Havia os pais que eram a favor e os que não eram nem um pouco.

As famílias de pessoas que não têm a Síndrome de Down, desde cedo trabalham a sexualidade dos filhos, impondo limites, ensinando o que podem e o que não podem fazer, como também tem pais que pagam para os filhos saírem e se descobrirem sexualmente em zonas de prostituição.

No caso do deficiente, há pessoas que pensam que eles não precisam de sexo, pois são deficientes mesmo. Mas quem disse?

Houve um caso que escutei, quando fazia faculdade, que o pai de uma pessoa com Síndrome de Down o levou para a zona e ele adorou. Por que não? Há pais que acham isso um absurdo. Eu oriento cada um a, dentro da sua realidade, satisfazer sua necessidade. Se quiser resolver em casa, que o faça; se quiser resolver na zona, que o faça. O importante é não virar as costas e achar que é simples e muito menos complicado.

Penso que, à medida que nos abrirmos para novas experiências, estaremos nos colocando prontos para dar mais um passo para o futuro. Um futuro com menos diferenças e mais respeito ao próximo.

Há pessoas que nascem com esta síndrome e têm uma vida normal; como também existem as que não têm uma vida normal, mesmo com a mesma síndrome.

Apesar de a formação da pessoa começar na família, depois se espalhar para a rua, vizinhos, escola, igreja, praças, restaurantes e outros. Pode-se dizer que existem diferentes formas de se pensar e de se viver, e também de se conviver.

O fato de uma pessoa estar inserida em uma sociedade não significa que ela esteja socializada e realize os rituais do grupo do qual faz parte. Imagine a pessoa com a síndrome em questão. Como será que ela é vista andando pelas ruas da cidade?

A sua identidade varia de acordo com o preconceito de um e de outro, em comentários pejorativos que podem acabar com a vida de uma pessoa com Síndrome de Down, que, na verdade, tem os mesmos direitos e deveres na sociedade em que vive uma pessoa que não tem deficiência.

O ser humano precisa de formas[1] para ir se construindo enquanto indivíduo de uma sociedade, como se essas formas fossem algum tipo de modelo, ou um padrão, ou uma convenção a serem seguidos. Mas um cuidado deve ser sempre levado em consideração, o fato de que a pessoa, ao se posicionar perante as escolhas sociais, deve saber que não precisa estar moldada a esta sociedade, às normas ou condutas ditadas, sem pensar e sem agir, para poder fazer parte de um grupo social, fazendo-se ser aceito segundo a visão do outro.

Ele deveria agir de acordo com seus próprios pensamentos, sem se preocupar com a não aceitação de um grupo social, porque não é igual aos outros. O fato é que somos diferentes e que cada um com essa diferença deve respeitar o outro, seja deficiente ou não.

---

1. Formas no sentido de seguir regras, ter uma religiosidade, ter responsabilidade e demais práticas que levem à formação de uma pessoa enquanto indivíduo participativo de uma sociedade.

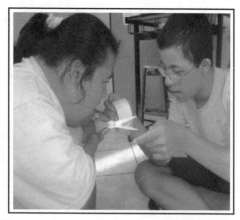
Alunos se ajudam na realização do trabalho de Artes.

As regras não podem ser fixas e nem impostas; elas precisam ser construídas até por que cada indivíduo tem a sua crença, sua história, seu ritual, assim como cada grupo.

A ética é uma das melhores fontes, no meu ponto de vista, de se trabalhar para que haja um equilíbrio entre esta natureza do social: convivência entre os diferentes, ainda mais quando se trata de alunos que apresentam Síndrome de Down.

A identidade é sugerida pelas diferenças que os alunos sofrem no dia a dia, quando fazem um passeio, ou vão ao supermercado, ou saem às ruas; enfim, qualquer lugar que eles estejam, parece causar alguma estranheza por parte do outro[2].

E por saber que a identidade e a diferença estão ligadas, ou seja, são inseparáveis, então foram escolhidas para serem trabalhadas de uma maneira agradável para todos do grupo-classe[3]. Foi pensada, para ajudar no desenvolvimento do trabalho, uma colcha da amizade.

---

2. O conceito de outro é o de uma pessoa que não seja deficiente.
3. Grupo-classe: refere-se ao conjunto de alunos e à figura do professor ao mesmo tempo.

Colcha de retalhos feita pelos alunos.

A questão da identidade, que é construída a todo tempo, está ligada a grupos de pessoas, ou apenas a outra pessoa, sempre havendo *eu* e o *outro*. Pois é justamente o outro ou as outras pessoas que me auxiliam a ser quem sou e a me ver dessa forma.

A identidade, *a priori*, sempre foi sugerida aos deficientes, mas uma identidade apenas de serem diferentes e terem a síndrome.

No entanto, além dessa informação, foi possível ampliar o quadro de conhecimento de cada um a respeito de ser alguém[4] e o que cada um queria ser.

Os comportamentos são sugeridos a todo tempo por diversas pessoas, situações, acontecimentos. Enfim, tudo o que se passava ao redor dos alunos era automatizado, fosse bom ou ruim, mas a partir do momento que eram questionados e que as intervenções começavam a acontecer cada uma em seu tempo, os alunos foram saindo de *suas zonas de conforto* e buscando um lugar onde pudessem ser uma nova pessoa: com direitos a serem vividos. E não só o cumprimento das normas e deveres.

---

4. Ser alguém, no sentido de ser um cidadão como qualquer outra pessoa que seja deficiente e que tenha deveres a serem cumpridos e direitos a serem realizados.

A colcha foi pintada pelos alunos e eu encomendei por meio de recurso financeiro próprio. A confecção final foi realizada pela professora de Artes da instituição.

Foi entregue a uma escola de Educação Infantil pública do município de Jundiaí que trabalha com inclusão.

Os alunos fizeram a entrega, e foram acompanhados pela coordenadora da instituição, pelo professor de Educação Física e também por mim, professora da sala de aula.

Foto da travessia da rua para chegar até a escola.

A *Colcha da Amizade* foi um dos projetos montados para servir como uma ponte para aproximar a pessoa deficiente, neste caso a pessoa com Síndrome de Down, e a pessoa que não tem deficiência.

Procurou-se trabalhar a técnica de pintura em tecido com o tema: Amizade.

Cada aluno escolhia um amigo para desenhá-lo e montar um cenário. Por exemplo: um aluno escolhia uma aluna e dizia que iria desenhá-la na casa dela fazendo um churrasco.

Então eles utilizavam canetinha preta de ponta fina para desenhar e, em seguida, a professora os auxiliava a pintar, explicando como deviam proceder com o pincel e a tinta.

Enquanto pintavam, a professora ia conversando com eles a respeito do que sentiam quando estavam na rua, em casa, na escola.

Com qual pessoa de casa eles se identificavam mais e depois com quem eles se identificavam mais nas ruas.

Alguns responderam que era com a professora da classe que se identificavam.

O mais interessante foi que ninguém se identificou com algum familiar ou pessoa estranha; apenas mantiveram o foco da identidade neles mesmos, no mesmo grupo social.

Foi utilizado um avental para que os alunos não derramassem tinta de tecido no uniforme.

Foi doada a colcha, após a conclusão do trabalho, para uma escola que já trabalha com o processo de inclusão, no intuito de incentivar essa prática e ampliar a ação para outras instituições educacionais públicas.

A escola foi escolhida pela coordenadora da instituição em que a prática pedagógica foi realizada.

3

Práticas pedagógicas I

A identidade de cada um dos alunos, depois de trabalhada por meio dos projetos pensados dentro de cada componente curricular, passou a ser incorporada com o tempo.

A visão que cada um tinha a respeito de ser um cidadão cumpridor de suas obrigações, nesse caso os deveres, e que desconheciam os seus direitos, agora era muito diferente, pois esses direitos, assim como os deveres, fazem parte de suas vidas; e a identidade, que se resumia a uma pessoa com Síndrome de Down, agora estava ampliada para os direitos e deveres como para qualquer outro cidadão, que não tem deficiência e é aceito pela sociedade porque não tem limitações.

O trabalho com a identidade de cada um foi desenvolvido por meio de projeto desde o ano de 2007 e seguiu até o ano de 2010, ganhando a dimensão de cada aluno se reconhecer enquanto pessoa com Síndrome de Down, com direitos e deveres, na mesma sociedade que o discrimina. Entenderam também que, nesta mesma sociedade, há pessoas que lutam por eles e para eles um dia usufruírem os mesmos direitos e deveres de todos os demais cidadãos. A diferença dos alunos está no fato de ter uma síndrome que lhes ocasionou mudanças genéticas percebidas na fisionomia, maneira de andar e falar. Esta diferença, que se percebe, faz com que algumas pessoas usem da indiferença, no sentido de não querer estar com os Downs, por pensarem ser uma doença contagiosa, por acreditarem que eles são loucos e podem atacar a qualquer momento, que não merecem estar inclusos em lugar algum, e assim vai uma lista de indiferenças que se pode imaginar.

Foi possível trabalhar a identidade dos alunos com Síndrome de Down a partir das experiências de cada um deles e da forma como cada um é visto pela sociedade, bem como foi possível ampliar, para ambos, esta visão equivocada.

O trabalho por meio de projetos pedagógicos foi tão importante na construção do conhecimento desses alunos quanto a sua identidade e sua identificação.

Não houve muita mudança social no que eles já vinham enfrentando, que é o preconceito; este ainda persiste, mas a forma como eles se viam ou se sentiam com relação a outras pessoas mudou.

O olhar para si passou de confiança, de prazer, de sentir-se bem, enquanto que o olhar para o outro, que é tido como "normal", é um olhar sem ver a diferença de uma identificação, mas se reconhecendo enquanto pessoa, ser humano, uma identidade. Os alunos foram diagnosticados dentro das seguintes áreas que foram trabalhadas ao longo do ano: cognição, socialização, autocuidados, linguagem e desenvolvimento motor.

Cognição

Os alunos eram todos pré-silábicos, porém em níveis diferentes.

Uma menina estava no nível da escrita unigráfica.

Um casal não dava conta da quantidade de letras que deveria colocar.

Escrevia de modo a preencher toda a folha.

Três escreviam controlando a quantidade e a variedade de letras.

Eles não souberam nomear algumas letras do alfabeto e não conseguiram identificar outras.

As letras do nome não eram todos que sabiam. Alguns conheciam apenas a letra inicial, ou quando não muito uma no meio do nome.

A maioria leu os números "um", "dois" e "três" sem intervenção.

Este relato foi tirado da prática de sala de aula.

Nos anos de 2007 a 2010 houve mudanças de alunos na sala de aula; os que haviam avançado em termos de escrita e leitura passaram para outra classe, como se passassem de série.

No ano de 2007 havia três meninas e três meninos, saindo uma menina e um menino.

No ano de 2008 entrou mais um menino, ficando duas meninas e três meninos.

Em 2009 entrou um menino e saiu outro.

No ano seguinte, 2010, entrou uma menina.

Ficando seis alunos até o final de 2010.

Autocuidados

A postura deles em sala de aula era comprometida, pois sentavam apoiando os pés sobre a cadeira, ficando com eles cruzados em cima da mesma; ou, quando não estavam com os pés, estavam com as pernas cruzadas.

Havia uma menina, que por ser muito gorda, não conseguia ficar com as pernas em ângulo de noventa graus, que seria o mais correto para auxiliar na sua postura, além de ela precisar de um apoio para os pés, outros na sala também precisavam; essa aluna costumava ficar com as pernas entreabertas por não as conseguir fechar.

Os alunos tinham dificuldades em cuidar de suas coisas pessoais: mochila, garrafinha de água, roupas, materiais de higiene bucal etc. Tudo precisando ser trabalhado.

Socialização

Na socialização eram exagerados, pois, mesmo não conhecendo alguém, iam logo abraçando e beijando.

Foram orientados que apenas cumprimentassem, com abraços e beijos, os conhecidos, os amigos, as pessoas muito chegadas, muito próximas; enquanto as pessoas estranhas eram para serem cumprimentadas apenas com um sorriso ou, quando não muito, um aperto de mão.

Entre eles havia muitas brigas: ou por que alguém falou alguma coisa que os fez sentirem-se ofendidos, ou por que foram contrariados de uma forma ou de outra...

Linguagem

A linguagem foi outra área que precisou ser trabalhada, pois eles falavam com muita dificuldade e quase não dava para entendê-los. Alguns alunos falavam palavras soltas ao invés de dizerem uma frase inteira para que pudessem ser entendidos e compreendidos. Esse trabalho de linguagem recebeu orientação pela fonoaudióloga responsável pela sala. Havia um aluno que se fazia entender quando falava.

Desenvolvimento motor

Alguns alunos conseguiam recortar corretamente obedecendo ao traçado do desenho, outros não conseguiam.

Havia uma menina que tinha malformação congênita, por exemplo, que não conseguia realizar as atividades devido à sua limitação. Por meio da pesquisa para diminuir essa limitação física nas atividades, fiz para ela um adaptador que a ajudou a atender a necessidade diária de sala de aula que envolvia o ato de escrever.

Houve alunos que não conseguiam subir escadas sozinhos, mesmo as que têm corrimão, pois sentiam medo de cair, ou por não terem equilíbrio suficiente para subir.

Todas as áreas citadas anteriormente foram sendo pesquisadas e desenvolvidas de modo a atender às necessidades individuais dos alunos.

Faz-se saber que na instituição havia uma equipe multidisciplinar[5] que auxiliou muito e que sem ela o trabalho não andaria e ganharia a proporção que ganhou.

É importante ressaltar que de 2007 a 2010 houve alunos que avançaram e que foram para outra sala, como se estivessem passado para outra série. Pois os alunos que iam para mim eram considerados os mais comprometidos da instituição. Depois que estavam preparados quase para serem alfabetizados, eles passavam para outra sala, onde outra professora trabalhava com eles por meio de outra abordagem teórica, que não era a sociointeracionista, mas a tradicionalista.

---

5. Equipe multidisciplinar: fisioterapeuta, fonoaudióloga, psicopedagoga, psicóloga, terapeuta educacional, socióloga, pedagoga, médico neurologista.

4

Práticas pedagógicas II

O plano de ensino foi pautado em cima da avaliação diagnóstica realizada com os alunos.

Antes de trabalhar as atividades com os alunos, fiz uma averiguação do que eles sabiam. Para isso montei uma avaliação para escrita e leitura.

A avaliação foi realizada de forma coletiva, individual e/ou grupal, e os resultados obtidos da aprendizagem dos alunos do ano anterior auxiliavam na elaboração das atividades do ano seguinte, levando os alunos a desenvolverem-se nas áreas de linguagem oral e escrita, matemática, artes, formação social e pessoal, natureza e sociedade.

As atividades elaboradas para essa avaliação ajudaram a identificar o que os alunos já sabiam referente ao que devia ser ensinado de acordo com os conteúdos preestabelecidos pra o ano.

O plano aqui descrito não é receita, mas uma sugestão para esses grupos de alunos.

Sugere-se que os profissionais reflitam sobre os objetivos que os alunos precisam alcançar, discuta-os, e assim montem a sua avaliação diagnóstica sobre o tipo de cidadão se quer formar. Se apenas um indivíduo ajustado aos padrões e normas de um sistema preestabelecido, ou se uma pessoa com direitos e deveres; com sonhos de casar; de trabalhar; de ter sua própria casa... de saber respeitar o próximo; de amar a si...

Atividades que foram utilizadas para a avaliação dos alunos

1) Atividade oral e escrita

Avaliei duas modalidades: a de escrita e a de leitura.

Num primeiro momento, trabalhei com o nome de cada um; depois com a escrita de uma lista de materiais escolares; em seguida com a atividade referente à construção de uma frase.

Já num segundo momento, fiz a leitura de um texto conhecido: uma música.

Os alunos leram da seguinte forma: colocaram o dedo sobre a linha da escrita que corresponde ao falado.

Todas as atividades são referentes aos conteúdos trabalhados no ano anterior.

Atividade de escrita

a) Escrita do nome:
NOME: _____
Cada aluno receberá uma folha de atividades e deverá começar escrevendo o seu nome, sem ter modelo algum para essa escrita.

b) Ditado (de uma lista de materiais escolares):
Apontador
Caderno
Lápis
Giz
Etiqueta
Mochila
Papel
Tesoura
Caneta
Livro
Estojo

Eu falei a consigna (instrução para a realização de uma determinada tarefa e que podia ser feita de forma oral, escrita ou das duas formas) que trata de uma lista de materiais escolares. Essa atividade foi realizada de forma individual, pois, após a escrita do aluno, ele a leu, fazendo uso do dedo sobre essa mesma escrita.

Dessa forma, eu pude observar se havia relação do falado com o escrito. Os resultados foram registrados. A lista obedeceu a uma ordem, começou de uma palavra polissílaba para uma monossílaba.

Atividade de Leitura

a) Música:

Sete dias a semana tem.

Quando um acaba

O outro logo vem.

Domingo,

Segunda,

Terça-feira,

Quarta-feira,

Quinta-feira,

Sexta-feira,

Sábado que bom.

b) Leitura do nome dos colegas:

Foi apresentado um cartaz contendo o nome de todos os alunos da sala; um deles era sorteado para encontrar no cartaz o nome de um colega, também sorteado.

Avaliação da escrita e da leitura

A avaliação de cada um foi de acordo com os níveis de alfabetização linguística: pré-silábico, silábico sem valor, silábico com valor, silábico-alfabético, alfabético e alfabetizado.

A partir desses níveis foram pensadas atividades que envolvessem os alunos de forma individual, coletiva e grupal, de maneira que os ajudassem a avançar de um nível para o outro. Fazendo constantes intervenções para que este avanço acontecesse.

2) Matemática

Foram aplicadas algumas atividades básicas para averiguar em que nível, de acordo com a Teoria de Piaget, o aluno se encontrava. Avaliou-se o que os alunos sabiam a respeito de números e sistema de numeração.

As atividades seguiram na seguinte ordem: contagem, recitação, notação e escrita numéricas, operações, grandezas e medidas, espaço e forma.

a) Recitação

Jogo de esconder, nos quais um dos participantes deve recitar os numerais, enquanto os outros se posicionavam.

A atividade de recitagem foi individual, cada aluno recitou da forma que sabia. Foi uma estratégia para estabelecer o valor cardinal.

b) Notação e escrita

O preenchimento do calendário de acordo com a data correspondente ao dia.

A atividade de notação e escrita foi individual. A notação numérica tem os símbolos dotados de valores conforme a posição que ocupam.

c) Operações

Jogo da Bola ao Cesto.

O cálculo que o aluno fez para poder obter o total de pontos no jogo foi individual, embora o jogo fosse coletivo. O cálculo foi aprendido junto com a noção de número e a partir do seu uso em jogos e situações-problema.

d) Grandezas e medidas

O aluno foi marcar a sua altura num canto da sala.

As grandezas e medidas foram encontradas no âmbito social. Essa atividade foi para averiguar de que forma cada aluno as trazia consigo e como se utiliza delas.

e) Espaço e Forma

Montar um quebra-cabeça.

O pensamento geométrico compreende as relações e representações que os alunos desenvolvem, desde muito pequenos, inicialmente pela exploração sensorial dos objetos, das ações e deslocamentos que realizam no meio ambiente. Saber de cada aluno como essas representações foram construídas foi muito importante.

Avaliação de contagem, recitação, notação e escrita numéricas, operações, grandezas e medidas, espaço e forma foi de acordo com os níveis de classificações estabelecidos por Piaget: nível sensório-motor, nível simbólico e nível operatório concreto. Foram aplicadas as provas piagetianas em relação: à conservação da massa, à conservação do líquido, à classificação, à seriação e à conservação numérica.

Provas piagetianas

Prova de inclusão de classes (frutas).

Prova de inclusão de classes (flores).

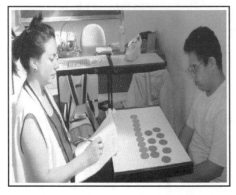

Prova das fichas.

47

Prova de seriação dos bastonetes.

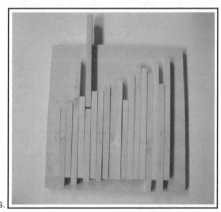
Prova da seriação de bastonetes.

O trabalhou contou com a construção de um portfólio que auxiliou no processo de ensino-aprendizagem, porque foi o registro de todo um trabalho elaborado e discutido das áreas do Plano de Ensino.

Ele serviu de base para montar a ficha espelho no final do trabalho.

Foi registro dos resultados de conhecimentos dos alunos, sob os aspectos quantitativos e qualitativos; serviu para apontar o que precisava receber intervenção para que pudesse avançar na direção desejada.

Para montar um portfólio foi necessário:

• Coletar um número de atividades de cada aluno.

• Coletar amostras de textos escritos.

• Coletar atividades de matemática, linguagem oral e escrita, natureza e sociedade, artes, formação pessoal e social.

• Coletar amostras em intervalos regulares: uma vez por mês.

• Perguntar aos alunos:

    - Como você fez esse trabalho?

    - O que você mais gostou nele?

    - O que você gostaria de ter feito de outro modo?

    - Você gostaria de tentar fazê-lo de novo?

    - Encontrou alguma dificuldade?

Tirar fotos, pois elas são registradoras de memória e história.

Nome da instituição:
Professora:
Turma:
Período:
Nome do aluno (a):
Data da avaliação:

_____

Linguagem Oral e Escrita

Nome:_____

Data:_____/_____/____

ESCREVA AS PALAVRAS QUE A PROFESSORA DITAR DE UMA LISTA DE MATERIAS ESCOLARES:

DITADO

1) _____

2) _____

3) _____

4) _____

5) _____

6) _____

7) _____

8) _____

9) _____

10) _____

11) _____

Nome da instituição:
Professora:
Turma:
Período:
Nome do aluno (a):

Data da avaliação:

Matemática

Nome:_____

Data:_____/_____/_____

BOLA AO CESTO

1) MARQUE AS PONTUAÇÕES DO JOGO DE ACORDO COM A QUANTIDADE DE PONTOS QUE CADA UM FEZ:

NOME DOS ALUNOS	PONTUAÇÃO

2) QUEM FEZ MAIS PONTOS?

_____

3) QUEM FEZ MENOS PONTOS?

_____

5

Prática de ensino

Plano de ensino

Linguagem oral e escrita

Objetivo geral do componente curricular

Construir com o aluno sua independência e garantir com ele seu desenvolvimento, fazendo-se uso da linguagem do próprio aluno e expandindo-a de forma que ele possa se comunicar com outras pessoas e vice-versa, na forma convencional. Trabalhar a leitura e a escrita pictográfica de modo a aumentar a sua informação sobre o mundo que o rodeia e construir novas formas de comunicação a partir da sua linguagem própria, para que seja entendida por outros interlocutores (alfabetização aqui entendida como aprender a ler e a escrever convencionalmente).

Justificativa

A alfabetização é tema de permanentes discussões.

No entanto, não se pretendeu discuti-la aqui, mas sim dizer de como foi trabalhada ao longo desses anos de 2007 a 2010 com alunos que têm a Síndrome de Down, que é associada a um atraso e à malformação congênita.

As informações sobre a genética dessas pessoas remetem ao quanto elas apresentam de dificuldades; no entanto, "rompendo" alguns paradigmas, foram pensados alguns componentes curriculares. Por mais que eu escutasse, na hora de estudos junto a outras colegas, que eles não aprendiam, que não adiantava fazer plano de aula para eles, que era perda de tempo pensar em atividades e montar um plano, sempre montava as atividades e um plano voltado para as potencialidades e dificuldades de cada um.

Falarei de como trabalhei cada uma das disciplinas que pensei ao longo desses anos.

Primeiramente, a disciplina de Linguagem Oral e Escrita, que preciso explicá-la para que o leitor entenda a minha intenção em trabalhar com ela, pois se evolui com base na ideia de estudar a origem da língua, e por que não dizer da língua escrita? Estudos de Ferreiro e Teberosky (1991) que, a partir da ideia construtivista de Jean Piaget, interpretaram como as crianças constroem a escrita e, com isso, trouxeram grandes contribuições aos educadores envolvidos no processo de alfabetização.

A disciplina baseou-se no conhecimento prévio dos alunos para auxiliar na construção de conhecimento, facilitando a compreensão desses na comunicação com o mundo externo.

Tal disciplina serviu de interação em que os sujeitos interiorizaram, com significado, relacionando-a e aplicando-a no seu cotidiano, dentro e fora da escola, nos diferentes segmentos sociais: cinema, clubes, supermercados, na rua, em passeios, em parques, circos...

Serviu de instrumento de ação: figuras, livros, músicas, diferentes portadores de textos, jogos, brincadeiras, filmes e teatros. Essas foram algumas das formas que serviram em atividades do dia a dia, para construir com os alunos seu desenvolvimento nas áreas: cognitiva, autocuidados, linguagem, socialização e desenvolvimento motor.

Sendo o homem sujeito de sua própria história e que faz e acontece, seu registro vai se fazendo em memórias: fotos, livros, papel e outros, de forma a garantir que sua história seja passada de pai para filho.

Ler essa história de diferentes maneiras e poder escrevê-la, também, em diferentes maneiras, é um trabalho a ser fomentado com escritas e leituras próprias dos alunos, ampliando e levando em consideração a sociolinguística na sala de aula.

A escrita e leitura próprias de cada aluno estavam ligadas aos seus conhecimentos prévios que foram levados em consideração no processo ensino-aprendizagem. Esse processo foi o acompanhamento dos conhecimentos que os alunos trouxeram com eles e que, na sala, foram de uma forma coletiva, tecendo seus saberes, organizando-os de forma intrínseca.

Exemplos de níveis de escrita:

A) Aluno na hipótese de escrita silábica com valor.

B) e C) alunos oscilam entre a hipótese de escrita silábica sem valor para com valor.

D) Aluna na hipótese de escrita pré-silábica no nível de escritas diferenciadas.

A

B

C   D

Este trabalho começou com o Projeto Animais: primeiro foi trabalhada a figura de cada animal, e depois foi realizado um ditado contendo uma lista de nomes de mamíferos, que foram trabalhados desde o ano de 2007.

Os alunos foram solicitados por mim a fazerem o ditado da lista de animais na lousa e, em seguida, eu discutia com todos aquela escrita, escrevendo a grafia correta.

O projeto com o tema Animais tinha um título que era *Os Animais Mamíferos*. Com ele, os alunos ainda aprenderam os países e seis continentes onde vivem esses animais. O trabalho também foi explorado em Natureza e Sociedade, disciplinas pensadas para o ano.

Alunos pensando a sequência dos nomes dos animais em ordem alfabética.

O processo de aprendizagem e ensino foi construído à medida que os alunos entravam em contato com novas informações; portanto, tratou-se de um conhecimento inacabado.

Sendo assim, o processo teve início e continuidade sem um fim. A não ser quando respeitou um tempo e apresentou um produto final como os projetos educacionais que foram trabalhados, pode-se dizer em um fim, por respeito ao tempo estipulado para se trabalhar aquele projeto ou aquela atividade.

A descrição de cada um esteve ligada a um saber próprio, de uma cultura e oralidade próprios, que foram levados em consideração.

Os alunos foram levados a confrontar com outros saberes já existentes, de forma a politizá-los quanto ao que se aprende, levando em consideração as imagens formadas por cada um dos alunos.

O Projeto Animais

A intenção era trabalhar mapas do Brasil e do mundo para que os alunos pudessem aprender a geografia atrelada aos animais.

Na questão da linguagem oral e escrita trabalhei de diferentes formas: fizemos ditado de uma lista de nomes de animais; solicitei que colocassem em ordem alfabética o nome dos animais, sempre intervindo, por exemplo, que nome de animal começava com a letra A, depois que animal começava com a letra B e quem estava com aquele animal.

Trabalhei também de outra forma, como perguntava com qual animal teria que começar a lista e por quê; se podia começar com o animal que tinha como primeira letra Z; e assim por diante.

A intenção era que os alunos soubessem bem a ordem das letras e o nome de cada uma delas. E isso funcionou.

Não utilizei apenas os animais para alfabetização, mas trabalhei frutas, as partes das plantas, os meios de transportes e outros.

Aqui descrevi apenas algumas das atividades para ficar de sugestão.

Projeto Animais

Duração: 1º semestre

Produto final

O produto final era para ser a realização de uma peça de teatro, baseada na obra dos Irmãos Grimm, *Os músicos de Bremen.* Mas a instituição solicitou um passeio para eles ao Zoológico de São Paulo, que acabou sendo o produto final. Apesar de os alunos terem montado uma peça teatral em que a professora fora a escriba.

Objetivos

• Familiarizar-se com a escrita por meio do manuseio de livros.

• Escutar a música de Luiz Enriquez, com tradução e adaptação de Chico Buarque de Holanda e texto original de Sergio Bardotti.

• Entrar em contato com as características de um texto de teatro (silhueta do texto, diagramação, espaços).

• Oferecer um repertório variado de textos de teatro às crianças (diferentes autores da literatura infantil).

• Organizar o espaço da sala, de forma que os alunos sintam-se convidados a ocupar o papel de leitores.

• Ampliar o repertório de textos que se sabe de cor.

• Promover interações significativas entre as crianças nas atividades de leitura.

Justificativa

As situações deste projeto tiveram como intenção maior que os alunos vivenciassem o papel de leitores, mesmo antes de saberem ler convencionalmente.

Em geral, os alunos se sentiram bastante atraídos por esse tipo de texto e, muitas vezes, já o conheciam por intermédio de músicas infantis, parlendas e outros textos da tradição oral que têm predomínio da linguagem teatral.

Os textos repetitivos possibilitaram aos alunos atentar não só aos conteúdos, mas também à forma, aos aspectos sonoros da linguagem, com ritmo e rimas, além das questões culturais e afetivas envolvidas.

Etapas previstas

• Participaram de situações em que o adulto foi o leitor.

• Participaram de situações em que os alunos foram os leitores, ainda que não convencionalmente.

• Observaram e manusearam materiais impressos, como livros e textos.

• Valorizaram a leitura como fonte de prazer.

• Foram trabalhados características e recursos do texto teatral.

Avaliação

No final deste projeto os alunos:

• Compreenderam a diferença entre um texto de teatro e um de música.

• Perceberam sua capacidade de montarem um texto, mesmo que oral, tendo a professora como escriba.

• Adquiriram o hábito de leitura e de ouvir músicas.

• Familiarizaram-se com a escrita por meio do manuseio de livros.

• Escutaram a música de Luiz Enriquez, com tradução e adaptação de Chico Buarque de Holanda e texto original de Sergio Bardotti.

• Entraram em contato com as características de um texto de teatro (silhueta do texto, diagramação, espaços).

• Tiveram um repertório variado de textos de teatro (diferentes autores da literatura infantil).

• O espaço da sala foi organizado de forma que se sentiram convidados a ocupar o papel de leitores.

• Ampliaram o repertório de textos que sabiam de cor.

• Foram promovidas interações significativas entre os alunos nas atividades de leitura.

Aluna organizando os nomes dos animais em ordem alfabética.

Aluno mostrando que o nome do próximo animal deveria começar com a letra P.

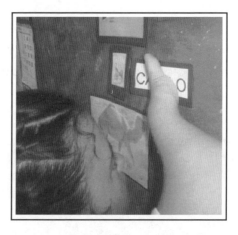

Aluna pensando na organização, tendo os colegas como apoio e as intervenções da professora.

Toda construção do conhecimento no coletivo levou os alunos a constantes trocas e confrontações com suas crenças e (pré) conceitos; portanto, essa foi uma prova da quebra de um esquema linear da comunicação pedagógica. Alunos e professor construíram o saber e a história, tanto coletiva quanto individualmente.

Alunos se ajudando na organização dos nomes dos animais em ordem alfabética.

Parte da atividade realizada.

Ida à biblioteca pública da cidade.

Escrevi o texto na lousa conforme os alunos iam se lembrando.

Montei um cartaz com os alunos para expor a produção coletiva e individual sobre a nossa ida à biblioteca pública.

Montagem individual sobre o que havia na biblioteca

Produção individual

Estações do ano

Aproveitei a oportunidade de trabalhar este tema das Estações do Ano na disciplina de Linguagem Oral e Escrita.

Entreguei um envelope à aluna e solicitei que ela distribuísse aos colegas.

E foi o que ela fez.

A aluna distribuiu primeiramente as figuras das estações do ano para cada colega.

Depois foi distribuída as fichas contendo o nome correspondente às figuras. Para isso a aluna precisou colocar em jogo as estratégias de leitura.

Distribuiu de acordo com suas estratégias de leitura.

A aluna deu conta de entregar os nomes correspondentes de acordo com a figura da estação do ano.

Aqui, a aluna verifica antes de entregar e, depois de um tempo de oito segundos, ela entrega de forma segura, de que a palavra correspondente à figura era aquela mesmo que ela estava entregando.

Jornal mural

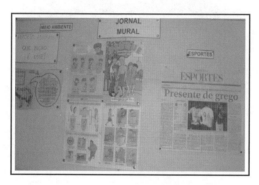

Eu trabalhei em conjunto com outra professora, que, assim como eu, também era emprestada da Secretaria de Educação. Montamos com os alunos o Jornal Mural, que serviu para trabalhar este outro portador de textos. Cada semana era uma sala que ficava responsável por pegar o jornal do dia ou do domingo e montar o mural.

Trabalhei assim as informações contidas nos textos. Perguntava aos alunos da sala em que eu estava do que tratava o jornal que eles haviam escolhido. Os alunos faziam suas leituras pelos desenhos, contexto em questão da página. Colocavam em jogo suas estratégias de leitura. E um ajudava o outro.

As partes das plantas

Trabalhei outro tema, que era As Partes das Plantas com os alunos.

Fiz com eles como havia feito com as Estações do Ano. Entreguei um envelope contendo as figuras e palavras correspondentes e solicitei ao aluno que distribuísse para os colegas. Ele assim o fez.

O aluno abre com cuidado o envelope para retirada das figuras e palavras.

Ele primeiro entrega as figuras para cada colega.

Depois de entregar as figuras para cada colega, agora é a vez de entregar as palavras que sejam correspondentes a cada uma das figuras.

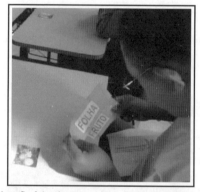

Primeiro desafio foi colocar em jogo suas estratégias de leitura.

Ficou com dúvida entre as palavras que começavam com a letra F. Qual seria o cartaz que estava escrito a palavra folha? Ele olhou por um bom tempo.

Depois acabou entregando a palavra fruto para a colega da frente que estava com a figura de uma folha.

Neste momento fiz a intervenção de perguntar a ele com qual letra começava e com qual terminava a palavra folha. Embora ele me respondesse corretamente, não fez nenhuma mudança quanto a trocar as fichas.

A palavra "caule" ele entregou corretamente. Fiz a intervenção mesmo assim, e perguntei a ele com qual letra começava a palavra. Ele me disse que com a letra C, do amigo Cauê. Depois lhe perguntei com qual letra terminava e ele deu uma olhada na ficha e respondeu que era com a letra E.

Entregou corretamente.

Teve dificuldades em se decidir entre as fichas com as palavras flor e raiz, pois ele não estava conseguindo distinguir uma da outra para dar a outra colega. Pensou um pouco e depois entregou a ficha contendo a palavra flor para a figura da raiz.
Questionei-o para que dissesse a respeito da palavra, com qual letra começava e com qual terminava, e ele respondeu que a palavra raiz começava com r e por isso havia entregado aquela palavra.

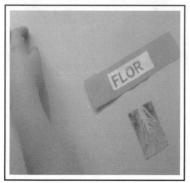

Analisando, acredito que ele leu a palavra de trás para frente, por isso o começo, que ele dizia era o final da palavra. Isso me levou a crer que ele não sabia onde a palavra começava e onde ela terminava.

Perguntei a ele o que faria com as fichas que sobraram e ele as guardou.

Esta atividade me foi muito interessante porque pude trabalhar a Matemática também, sem ter de dizer a eles que era essa disciplina. Quando entregaram uma ficha aos demais participantes, pedi que guardassem no envelope as que sobraram. Se sobra é porque tem a mais, e os alunos estão em menor número. E assim por diante, fui explorando o vocabulário com eles.

Biblioteca

Uma professora que trabalhou comigo organizou a biblioteca da instituição que parecia um depósito de coisas.
Depois que a organização estava pronta, os alunos puderam cantar no karaokê, e assim pudemos trabalhar oralidade com eles; puderam assistir a vídeos, DVDs; jogar videogame; ver televisão.
E eles mesmos montavam, trocavam fitas, apertavam a tecla play...
Trabalhamos muito a autonomia deles, e assim cuidaram melhor do espaço que era para eles mesmos.

Havia um computador velho que serviu para que os alunos pudessem treinar a escrita de textos digitados no computador.

Os alunos aprenderam a retirar livro da biblioteca e a marcar na folha de registro. Trabalhei com eles a escrita com função social.

6

Componente curricular: Matemática

Justificativa

Os números fazem parte do nosso dia a dia, se olharmos num outdoor, se conferirmos os pares de sapato quando levantamos, se colocamos os pratos na mesa na hora do almoço, se repartimos um pedaço de bolo, ou mesmo se vamos beber alguma coisa.

Os alunos já fazem uso, portanto, de recursos próprios para poder se satisfazer socialmente com os números.

Talvez esses recursos sejam pouco convencionais, mas é uma forma que eles têm de fazer uso de situações envolvendo números, relações de quantidade, noções sobre espaço, observar e atuar no espaço ao seu redor e, aos poucos, vão organizando seus deslocamentos, descobrindo posições e comparando distâncias.

A disciplina de Matemática desenvolveu-se com base na Teoria de Jean Piaget.

A disciplina de Matemática foi desenvolvida respeitando as leis nacionais e internacionais de Educação Especial, uma vez que trabalhamos em uma instituição que atende a pessoas com Síndrome de Down: Declaração de Salamanca na Espanha, Declaração de Montreal, Referenciais Curriculares Nacionais; Declaração de

Jomtien em Dakar; Convenção da Guatemala, Leis das Diretrizes e Bases da Educação Nacional, Estatuto da Criança e do Adolescente; Declaração Universal dos Direitos humanos; Declaração dos Direitos das Pessoas Deficientes; Programa de ação mundial relativo às pessoas com deficiência e à Constituição Federal.

Concebi o desenvolvimento da matemática como etapas concretas iniciais que foram passadas para etapas abstratas, que a chamei de etapas finais. Corroborando os pensamentos de Kamii (1987): *o conhecimento matemático é a relação que o indivíduo faz mentalmente entre dois ou mais objetos. Exemplo: A diferença, a soma e o conceito de número.*

Nesse caso, o aluno passa pelas etapas que são descritas por Piaget. Um exemplo é o conceito de número que é construído, portanto não é transmitido socialmente, o sujeito precisa compreender o processo de número. Exemplo: 3 + 3 = 6.

O sujeito precisa compreender esse processo da adição, como ela acontece. Para isso, os conhecimentos prévios devem ser respeitados e ampliados como os novos conhecimentos.

O auxílio do calendário no trabalho com a Matemática.

As etapas ou níveis de desenvolvimento mental do sujeito, que são: pré-operatório, envolvendo ação direta sobre o real, início das representações, linguagem e função simbólica; operatório-concreto, em que as representações vão se construir no concreto, nível pelo qual o sujeito passa pela reversibilidade na conservação, identidade, compensação e inversão, operações mentais em que o sujeito ainda se apoia ao concreto.

Aparece a tomada de consciência, abstração reflexiva que permite a reconstrução do conhecimento anterior em outro plano, que é a parte empírica por que ainda se apoia no concreto. Tomada de consciência e ação reflexionante.

O trabalho desenvolvido com os alunos baseou-se em dois tipos de conhecimento já estabelecidos e estudados por Kamii (1987): o conhecimento físico é o conhecimento que está nas propriedades físicas dos objetos. Exemplo: cor e peso, que são características que estão nos objetos na realidade externa, podendo ser observados, e o conhecimento lógico-matemático que é a relação que o indivíduo faz mentalmente entre dois ou mais objetos. Exemplo: a diferença, a soma, o conceito de número.

A disciplina aqui descrita foi importante porque auxiliou na construção do conhecimento dos alunos e foi desenvolvida por meio de jogos pedagógicos, estabelecendo um significado com o cotidiano de cada aluno e servindo como instrumento facilitador de aprendizagem e ensino.

Essa disciplina foi pensada para atender a pré-adolescentes com deficiência mental e múltipla deficiência. Mesmo assim, o jogo pôde construir uma simbologia própria desses jogadores.

O processo de construção da realidade pelo lúdico e desse ao de pensar ficou notável à medida que foram aplicados no cotidiano de cada aluno um jogo.

A função do jogo e dos brinquedos não se limitou ao mundo das emoções e da sensibilidade, ela apareceu ativa também no domínio da inteligência e cooperou, em linhas decisivas, para a evolução do pensamento e de todas as funções mentais superiores.

Jogo das frutas

1) Primeiro os alunos brincaram.

2) Depois de uns dias brincando é que se fez o registro, para posteriormente dar continuidade ao trabalho de Matemática na construção de tabelas e exploração como: Quem fez mais pontos? Quem fez menos pontos? Quem ganhou? Quem perdeu?

Este é o registro que os alunos fizeram do jogo das frutas.

Primeiro os alunos tiveram que jogar o dado e, na figura que caísse, eles deveriam dizer o nome da fruta, ir até a lousa e marcar a sua pontuação.

Os registros eram bem diferentes, cada aluno fazia de acordo com o seu nível de entendimento.

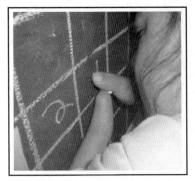 

Aqui, a aluna faz o seu registro da fruta que tirou. Observa-se que o registro não é letra e sim pauzinhos.

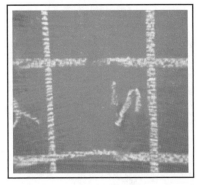

Ela tenta registrar como pode e conforme ela acredita ser a melhor forma.

Aqui, a aluna recebe ajuda de uma outra colega, pois ela estava com dúvida onde deveria fazer o registro.

A colega aponta, mostra, fala. Mas, mesmo assim, a amiga não conseguiu fazer. Então a colega pegou o giz e deu uma ajuda.

As amigas se abraçando em sinal de agradecimento.

A aluna estava anotando uma jogada, um ponto.

O aluno fez certo ponto e marcou outro. Ele sabia disso, mas o mais importante naquele dia, para ele, era ganhar.

Este foi o símbolo utilizado para o aluno registrar um número. O interessante era que ele estava com um número alto.

A aluna recebendo ajuda novamente, mas desta vez ela quem fez o registro.

Registro feito pela própria aluna, a alegria dela era nítida.

A aluna fez questão de assinalar a pontuação do jogo de forma única e do jeito que ela sabia. E para isso se utilizou da grafia de uma letra que se parecia muito com a letra A.

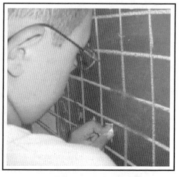

Este aluno vai grafar um número, mas antes ele olha para o número sete. Repare o olhar dele na primeira foto da direita para a esquerda. Na segunda foto, ele está grafando o número sete.

Uma das colegas, percebendo que ele marcou na fruta errada, levantou-se e foi apagar o número sete e escrevê-lo na fruta certa. O aluno havia marcado em melancia e na verdade ele havia tirado a pera.

Depois que a aluna arrumou, o aluno foi conferir para ver se estava tudo certo. Dando-se por satisfeito, voltou a jogar.

A atividade com jogos proporciona uma interação maior dos alunos, além de colocar em jogo tudo o que sabem.

O trabalho com o jogo foi muito produtivo e fez com que os alunos avançassem muito mais do que as atividades em folhas. O registro é muito importante, mas muitas vezes precisei mudá-lo para não ficar cansativo e chato.

E também porque pude dar outra oportunidade de se pensar a resolução de um jogo, de um registro.

Receita

Outra atividade interessante era a hora do lanche.

Um dia fizemos uma receita. Trabalhamos quantidade, medidas, proporções etc. Todos ajudaram a fazer a receita.

Primeiro decidimos o que iríamos fazer. Depois fizemos uma lista de ingredientes que deveríamos comprar.

Fomos até o mercado com o dinheiro da nossa caixinha, e fizemos as compras.

Logo que voltamos colocamos num cartaz os nossos ingredientes para ficar mais fácil de visualizar para fazer a receita. Como os alunos ainda não estavam lendo e escrevendo convencionalmente, então fiz a receita no cartaz de uma maneira que desse para eles deduzirem o que seria.

Veja na foto abaixo como ficou o cartaz contendo a receita.

Estas fotos são um modelo da Matemática sendo trabalhada na prática: quantidade física da matéria, relação, conservação, sequência, com os conceitos mais e menos etc.

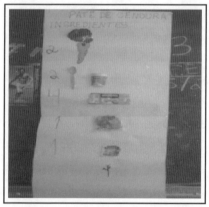

Depois de montado era hora de preparar a receita e degustá-la.

Aqui os alunos estão segurando os ingredientes que compraram no supermercado.

Os alunos estão preparando a receita.

As alunas colocando para bater os ingredientes. Começaram com a cebola.

Próximo ingrediente.

Todos ajudaram a preparar a receita.

Aqui, foi outro momento importante, onde explorei quantos alunos e pães havia, se daria para todos ou se alguém ficaria sem. Questionava-os quanto à quantidade de patê, se daria para todo mundo. Se não desse, o que poderíamos fazer para que todos comessem do patê, e assim vai.

As questões "quantos tem" e "quantos faltam" puderam ser trabalhadas de uma forma mais real possível e com muito significado para eles.

Depois disso pude utilizar a folha com atividades.

Objetivos gerais do componente curricular

Aproximar os alunos dos números, das medidas, das formas e espaço, da organização, pelo estabelecimento de vínculo entre seus conhecimentos prévios e o conhecimento matemático, construindo uma postura crítica e participativa, que os levem a justificar e a validar suas respostas e que situações de erro auxiliam no aprendizado.

Segue outras sugestões de atividades

O jogo para incentivar a aritmética: jogo da memória.

Jogo da memória e quebra-cabeça.

Quebra-cabeça.

Diferentes quebra-cabeças. Este é de animais e são apenas quatro peças por animal.

Jogo da trilha com as formas geométricas.

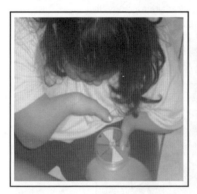

Vira-se a roleta e, na cor que a seta indicar, é onde o aluno deverá colocar o seu animal. Lembrando que as formas geométricas estão todas com cores.

Sugestões de outras atividades

Primeiro os alunos participaram da brincadeira das bexigas.
Ganhava o time que pegasse mais bexigas.

Os alunos pegaram o mais rápido que puderam e colocaram no saco plástico grande de cor preta, que é para não conseguirem ver a quantidade, assim pude trabalhar a estimativa.

Um dos times fazendo a contagem de bexigas. Aqui, os alunos fazem a relação termo a termo e também praticam a recitação.

Depois veio o registro em papel.

Os alunos se ajudaram e contaram com as minhas intervenções.

7

Componente curricular: Natureza e Sociedade

Justificativa

Natureza e Sociedade foi uma disciplina muito importante porque permitiu ao aluno explorar o seu meio material, físico, emocional, motor e outros, que fizeram parte do seu universo vital. Estudar plantas, animais, ciclos vitais, alimentos, higiene e outros, não foi simplesmente memorização de tudo isso, mas foi a construção juntamente com os colegas, com a professora e até mesmo com os outros profissionais, do conhecimento sobre os seres abióticos e bióticos[6] que dividem conosco o Planeta Terra.

Não é tão simples "fazer ciências", exige-se muita disciplina e dedicação. Até porque os resultados não congelam e, com o tempo, o que era de um jeito passa a ser de outro, por meio de vários estudos e experimentos.

A linearidade dos estudos científicos, há muitos anos estudados e comprovados, persiste em Ciências, no saber científico, e mesmo assim poderá sofrer mudanças a qualquer momento.

---

6. Seres bióticos são seres que têm vida: os animais, os homens, as plantas e outros. Seres abióticos são seres que não possuem vida: pedra, caderno, borracha e outros.

A importância dessa disciplina é levar o aluno a pesquisar e, sempre, a perceber o universo que o cerca e a riqueza dessa ciência estudada por ele.

Os conceitos de espaço e de tempo são básicos nos estudos de um aluno em plena formação intelectual, cultural, política e cidadã. São básicos os estudos de História e de Geografia. É nestas duas dimensões que as relações sociais humanas se travam, transformando a natureza, produzindo cultura, construindo a história.

A construção mental desses conceitos por parte do ser humano se deu na interação das condições internas de aprendizagem com as condições ambientais de que se dispuseram enquanto aprendizes.

O princípio norteador desse trabalho foi o conhecimento dos alunos como ponto de partida para a troca constante entre os colegas e o professor, entre a sala de aula e fora dela. Nesse sentido vale lembrar que, *quem ensina aprende ao ensinar e quem aprende ensina ao aprender* (FREIRE, 1995, p. 25).

A professora não exercera o papel de alguém que a tudo dominava e os alunos não foram vistos como aqueles que nada sabiam. Acreditou-se na troca mútua de conhecimento, pela vivência de cada um, pela experiência que cada um trouxe consigo.

A disciplina se baseou num plano de aula sobre a vida de cada um, levando em conta o passado, o presente e o futuro.

A disciplina de Geografia foi importante porque foi ela que levou a compreender o espaço produzido pela sociedade na qual vivemos hoje, suas desigualdades e contradições, as relações de produção que nela se desenvolvem e a apropriação que essa sociedade faz da natureza.

Para entender o espaço produzido é necessário as relações entre os homens, pois, dependendo da forma como eles se organizam para a produção e distribuição dos bens, os espaços que produzem vão adquirindo determinadas formas que materializam essa organização social. Produzimos por sociedades desiguais, os espaços, também desiguais; esses espaços assumem características próprias que, por sua vez, são diversidades, combinando-se numa unidade – o todo social. Assim, por exemplo, o campo e a cidade, compondo espaços diferenciados, organizam-se internamente, porém guardam uma relação de complementaridade contraditória e desigual. Desse modo, campo e cidade compõem uma unidade, traduzindo diferencialmente uma formação social. Esta envolve múltiplas determinações no seu interior, constituindo mecanismos que a sustentam. Ao mesmo tempo, elabora outros mecanismos, que levam à separação dessa realidade social concreta.

Assim, as sociedades vão construindo, transformando historicamente sua base territorial, diferenciada também quanto à distribuição de recursos.

A essa organização social, também se coloca o seu grau de desenvolvimento tecnológico, permitindo que a apropriação dos recursos (sejam materiais, sejam no nível do conhecimento) se faça com maior ou menor intensidade, conduzindo a maior ou menor interferência na natureza.

O trabalho realizado com essa disciplina seguiu o mesmo plano da disciplina de História.

Objetivos gerais do componente curricular

Levar o aluno a desenvolver suas capacidades de raciocínio científico e sua conscientização perante seu meio. O aluno deverá saber da história de seu povo e da sua individualmente, conhecendo a cultura e a memória desse mesmo povo, entendendo-se apenas enquanto sujeito de sua própria história e que essa não para de tecer nunca. Ele deverá conhecer os espaços por ele ocupados e os que já foram ocupados por ancestrais. Saber-se construtor desses espaços, bem como transformador dos mesmos.

Foto do trabalho sobre higiene pessoal.

Cuidados básicos: dar descarga, após o uso do vaso sanitário e lavar as mãos.

Escovar os dentes após as refeições.

Aqui se coloca o nome da instituição

NOME:_____

DATA:_____/_____/_____

NATUREZA E SOCIEDADE

1) COLE FIGURAS RELACIONADAS COM O CUIDADO COM O CORPO:

2) COLE FIGURAS RELACIONADAS COM O CUIDADO COM A SAÚDE:

Aqui se coloca o nome da instituição

NOME:

DATA: ___/___/____

ESCREVA AS PARTES DA PLANTA:

95

Outras sugestões de atividades

Foi trabalhado o tema As plantas, os alunos cantaram a música, pintaram atividades com plantas, fizeram cartazes, e foram para a horta plantar.

Antes de plantar conversamos na sala de aula do que a planta precisava para viver, eles foram falando o que achavam: terra, água e luz solar.

Preparamos a terra antes de plantar.

Trabalhei com os alunos o Projeto Folclore, podendo explorar com eles mapas, a geografia do lugar, os costumes, a cultura e outros que seguem como sugestão de atividades.

Regiões do Brasil e as suas lendas.

Nesta foto eu estava explicando as regiões do Brasil e as lendas de cada uma. Estou segurando uma parte da região que eles montariam depois, pois fizemos um quebra-cabeça com as regiões do Brasil. E depois de montadas, eles deveriam colocar a lenda correspondente a elas.

Lendas de cada região do Brasil. No mapa há uma lenda pequena em cada região, igual à que está fora do mapa, no quadro amarelo.

Fizemos um livro de lendas e alguns bonecos de Bumba meu boi. Os alunos tiveram acesso aos portadores de textos que traziam informações sobre as lendas.

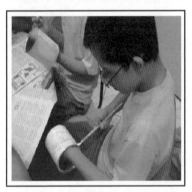

Trabalhei com eles a lenda do Girassol e depois eles puderam confeccionar a latinha. Eles mesmos pintaram e colaram a figura do girassol. Cada um escolheu uma cor para sua lata. Depois colocamos no corredor da instituição para ficar exposto e que todos pudessem admirar.

Plantei com os alunos girassol, para eles levarem de lembrança para suas casas.

Experiência com o feijão

Trabalhei com os alunos a experiência do feijão. Eles plantaram em dois vasos. Um foi para o armário dentro de uma caixa e o outro tomou sol; regamos, cuidamos muito bem dele. Enquanto do outro não cuidamos, para que eles pudessem ver o que acontece se não cuidamos das plantas e por que elas precisam de terra, luz solar e água.

Neste quadro colocamos os trabalhos dos alunos em volta e um feijão gigante no meio, com um texto coletivo, tendo eu como escriba. No texto há vários feijões colados.

Nestas fotos estão os feijões que plantamos.

99

Feijão dentro da caixa que ficou no armário durante um tempo. E o outro feijão que ficou fora do armário, onde pudéssemos cuidar dele.

Comparamos o crescimento de cada um, o caule, as folhas e as raízes (por isso plantamos num recipiente transparente). O feijão do pote transparente estava bonito, com o caule bem esticado; enquanto que o feijão da caixa estava seco, feio, com o caule torto.

Questionei-os sobre a diferença, o porquê de eles estarem daquele jeito, um com o caule esticado e o outro com o caule murcho. As respostas foram incríveis. Eles gostaram desta atividade. E confesso que eu também.

Esta atividade sugere que possa ser feita com qualquer outra planta, que não necessariamente o feijão.

O professor precisa abusar, ousar na sua criatividade com os alunos.

8

Componente curricular: Artes

Justificativa

A arte é uma criação humana com valores estéticos: beleza, equilíbrio, harmonia, revolta, que sintetizam as suas emoções, sua história, seu sentimento e a sua cultura. É um conjunto de procedimentos utilizados para realizar obras, e no qual aplicamos nossos conhecimentos. Apresenta-se sob variadas formas como a plástica, a música, a escultura, o cinema, o teatro, a dança, a arquitetura e outras do gênero. Pode ser vista ou percebida de três maneiras pelo homem: visualizadas, ouvidas ou mistas, audiovisuais. A definição de arte varia de acordo com a época e a cultura. Originalmente, a arte poderia ser entendida como o produto ou processo em que o conhecimento é usado para realizar determinadas habilidades.

Arte é um importante trabalho educativo, pois procura, através das tendências individuais, encaminhar a formação do gosto, estimula a inteligência e contribui para a formação da personalidade do indivíduo, sem ter como preocupação única e mais importante à formação de artistas.

No seu trabalho criador, o indivíduo utiliza e aperfeiçoa processos que desenvolvem a percepção, a imaginação, a observação, o raciocínio, o controle gestual. Capacidade psíquica que influi na aprendizagem. No processo de criação ele pesquisa a própria emoção, liberta-se da tensão, ajusta-se, organiza pensamentos, sentimentos, sensações e forma hábitos de trabalho. Educa-se.

Arte brasileira é o termo utilizado para designar toda e qualquer forma de expressão artística produzida no Brasil, desde a época pré-colonial até os dias de hoje. Dentro dessa ampla definição, estão compreendidas as primeiras produções artísticas da pré--história brasileira e as diversas formas de manifestações culturais indígenas, bem como a arte do Período Colonial, de inspiração barroca, e os registros pictóricos de viajantes estrangeiros em terras brasileiras.

A cultura é uma propriedade social na relação que se tem de pai para filho. À medida que isso acontece, vai-se costurando a história de um antepassado com a história contemporânea e o resultado surpreendente desta química é o "gostar" de arte, de fazê-la ser e acontecer nos mais diferentes espaços, com as mais variadas pessoas.

Dentro de uma proposta que incluirá saberes populares e científicos, mas não se esquivando de nenhuma aculturação que exista na cidade de Jundiaí. Tomar-se-á os fatos históricos decorrentes da etnia cultural para uma apresentação que se fará em blocos, primeiro semestre e segundo semestre. Faz-se necessário dizer que na instituição já se tem dança, que é realizada com grupos de assistidos[7].

No final do ano, como em todo ano, um artista será homenageado pelos alunos do Centro de Atendimento à Síndrome de Down Ney Matogrosso[8]. Levarei em conta a história e trajetória

---

7. Neste caso os assistidos são os próprios alunos das salas de aula, inclusive os meus alunos que estudam numa sala enumerada como sendo 1, sala 1.

8. Projeto Ney Matogrosso que será desenvolvido juntamente com outro grupo de alunos, da sala da Profa. Keli, que é enumerada como sendo 2, sala 2.

deste artista para trabalhar com os alunos, as divergências culturais que se costuram para falar de uma mesma língua, a arte.

A disciplina Arte que pretendo trabalhar está dividida em projetos, os quais serão elencados a seguir.

Primeiro tema a ser trabalhado

Tema: Colcha da Amizade

Duração: Abril

Justificativa:

O trabalho com a identidade foi pensado pelas diferenças que os alunos sofrem no dia a dia quando fazem um passeio, ou vão ao supermercado, ou saem à rua; enfim, em qualquer lugar que eles apareçam, parecem causar alguma estranheza por parte dos outros. E por saber que a identidade e diferença estão ligadas, ou seja, são inseparadas, então as escolhi para trabalhar de uma maneira agradável para todos do grupo-classe[9]. Escolhi, dessa forma, a Colcha da Amizade.

A questão da identidade, que é construída a todo tempo, está ligada a grupos de pessoas, ou apenas a outra pessoa, sempre havendo *eu* e o *outro*. Pois é justamente o outro ou as outras pessoas que me auxiliam a ser quem sou e a me ver desta forma. O trabalho com a identidade de cada um é desenvolvido por meio de projeto desde o ano de 2007 e vem sendo até o presente momento, mas não havia ganhado a dimensão em que está, ou seja, os alunos se reconhecem enquanto pessoas com Síndrome de Down, com direitos e deveres na mesma sociedade que os discrimina. Entendem também que nesta mesma sociedade há

---

9. Grupo-classe: refere-se ao conjunto de alunos e à figura do professor ao mesmo tempo.

pessoas que lutam por eles e para eles um dia usufruírem os mesmos direitos e deveres de todos os demais cidadãos. Neste caso, as diferenças.

O que é simples de existir não é simples de entender. A diferença dos alunos está no fato de ter a síndrome que lhes ocasionou mudanças genéticas que são percebidas na fisionomia, maneira de andar e falar. Essa diferença que se percebe faz com que algumas pessoas usem da indiferença, no sentido de não quererem estar com os Downs, por pensarem ser uma doença contagiosa, por acreditar que eles são loucos e podem atacar a qualquer momento, que não merecem estar inclusos em lugar algum, e assim vai uma lista de indiferenças que se pode imaginar.

A Colcha da Amizade é uma ponte que se pretende fazer entre a pessoa deficiente, nesse caso a pessoa com Síndrome de Down, e a pessoa tida como normal. Pensei em doar a colcha, após a conclusão do trabalho para uma escola que já tenha inclusão, no intuito de incentivar com essa prática e ampliar a ação para outras instituições educacionais públicas. A escola ainda não foi escolhida, pois será feita em conjunto com os alunos em forma de votação.

Produto final

Entregar a Colcha da Amizade para uma escola pública que trabalha com a inclusão, no sentido de fortalecer os laços de amizade e companheirismo nesta batalha contra o preconceito com pessoas deficientes; além de homenagear o trabalho bonito que se tem feito a respeito dessas pessoas deficientes.

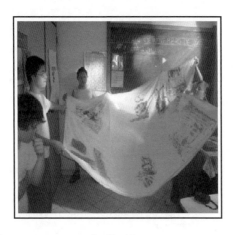

Segundo tema a ser trabalhado
Tema: Música Brasileira
Duração: Ano todo
Justificativa:

A arte, manifestação da identidade de um povo, estabelece a meu ver uma costura entre a história e cada um com a história de todos. Leva em consideração a identidade de cada um na formação de um mosaico de culturas, de gente, de gostos, de sabores, de cores, de fatos e acontecimentos. Nesse caldo magnífico, uma das misturas que escolho para trabalho com Artes é a música, pela sua riqueza de gêneros e instrumentos. A localização desses gêneros e instrumentos será trabalhada com o uso de alguns recursos como mapa geográfico, para facilitar aos alunos a visualização das regiões e suas culturas, assim como o uso de instrumentos musicais: pandeiro, chocalhos.

Objetivos gerais

Reconhecer os diferentes gêneros da música brasileira, identificando-os por regiões.

Conteúdos	Etapas	Avaliação
1) Região Norte Duração: maio 2) Região Nordeste Duração: junho 3) Região Centro--Oeste Duração: julho/agosto 4) Região Sudeste Duração: agosto/setembro 5) Região Sul Duração: setembro/outubro	1) Conversar sobre a música: especulação, investigação, registro. 2) Sucessos do momento: regiões, registro. 3) Organizando a revista de músicas (produto final do projeto): seguir a ordem alfabética. 4) Trabalhar com a letra da música, autor e intérprete. 5) Apresentação do estilo regional. 6) Vídeos como as mais variadas manifestações musicais por regiões. 7) Jogo da memória: músicas por regiões. 8) **Produto final**: revista com as letras, autor e intérprete das músicas regionais estudadas e visita a uma rádio em Jundiaí.	Avaliar se o aluno: A) Reconhece os diferentes gêneros da música brasileira. B) Identifica algumas das músicas por regiões C) Nomeia as músicas por regiões. D) Dependendo das atividades aplicadas a avaliação poderá ser: individual; ora coletiva, ora imediata, periódica.

Depois de trabalhadas as músicas regionais, fomos visitar uma rádio aqui em Jundiaí, Dumont FM.

Foto com o locutor da Rádio Dumont FM 102,7.

Terceiro tema a ser trabalhado

Tema: Teatro Jundiaiense

Duração: Segundo semestre

Justificativa:

Ter o palco vida, ser ator e autor desta incrível tenda que é a vida, deixa sob as leituras da humanidade o maior legado, a meu ver, que é o teatro: de cores, sabores, gente e histórias de povos, de comunidade, de indivíduos que se entrelaçam na trama da arte. *A vida é um palco e nós somos seus atores e autores*, já escrevera Shakespeare.

A arte brasileira será trabalhada sob o olhar do teatro, que ajuda e permite o desenvolvimento do corpo, de uma forma global, dentro do espaço, que lhe é de direito, e da mente, que imagina de forma desenfreada as ilimitações da fantasia, do amor, do sonho. Farei um recorte desta arte e buscarei no teatro jundiaiense algumas das descrições desta arte de fazer Arte.

Objetivos gerais

Reconhecer-se coadjuvante da arte jundiaiense, entender-se autor e coautor desta arte, na identificação no palco, o espaço que se precisa para se estabelecer um diálogo com o corpo que está sob a luz dos olhos de uma plateia atenta, dentro de um trabalho de espontaneidade, a timidez, a locução e a posição dos espaços, sejam pequenos ou grandes.

Conteúdos	Etapas	Avaliação
Tema: Teatro Jundiaiense **Duração:** outubro, novembro e dezembro 1) História 2) Peças 3) Autores 4) Entrevistas	• Conhecer algumas das peças do teatro da cidade • Ensaio de uma pequena peça de teatro • Conhecer um palco e suas funções • Assistir a uma peça de teatro **(produto final)**	A avaliação será ora individual, ora coletiva, podendo ser constante e periódica por se tratar de seguir um tempo de realização do trabalho proposto.

Encerramos indo assistir a uma aula de teatro

Projeto da unidade

Tema: Ney Matogrosso

Duração: Ano todo

Justificativa:

A arte, a cultura e a humanidade são mescladas pela essência humana de querer ver o belo, de querer ouvir esse mesmo belo e de querer apalpá-lo, de segurá-lo e de se fazer belo. Na vida em sociedade costumamos ter um grupo ou grupos, uma pessoa ou pessoas a quem compartilhamos a beleza da arte, da cultura da humanidade. Sendo tão importante o fazer cultural, a construção da arte, a manutenção da humanidade, fez-se necessário um tema peculiar e muito irreverente para ser desenvolvido este ano [sic] com os alunos da sala 1, que é a vida de Ney Matogrosso, um artista inteligentíssimo, irreverente, um grande dançarino e intérprete da música brasileira.

Todo ano, o Professor Carlinho, que trabalha dança com os alunos da instituição, faz homenagem a um artista e prepara todo um ensaio para o final do ano, em dezembro, no Teatro Municipal Glória Rocha.

O artista escolhido para este ano foi Ney Matogrosso.

Na sala de aula, para respeitar esta escolha, será trabalhado com os alunos a vida e obra do artista.

O professor já escolheu a música que um grupo de alunos irá dançar em dezembro, e enquanto ele ensaia a dança com esses alunos, em sala serão ensaiados a música, autor e intérprete.

No final será montado um álbum sobre tudo o que foi trabalhado em sala de aula sobre ele. Ele servirá para ficar exposto no teatro onde acontecerá a homenagem ao artista.

Produto final

Um álbum com fotos dos alunos vestidos com um dos figurinos do artista; alguns trabalhos, músicas e fotos do Ney Matogrosso.

Montagem de um jogo da velha com as imagens do Ney Matogrosso. Os alunos colavam as fotos num papel mais duro para poder utilizar no jogo depois, de forma que o material ficasse mais consistente.

Aluna conferindo o material para o jogo da velha.

Aluna montando os pinos do jogo da trilha com fotos do Ney Matogrosso.

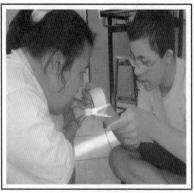

Alunos se ajudando na confecção da trilha do Ney Matogrosso.

Outras atividades extras de sugestão
Os animais

Montamos um cartaz na sala de aula sobre o meio ambiente para que os alunos pudessem falar sobre o que é cuidar da flora e da fauna. Davam ideias de onde queriam o cartaz e como queriam fazê-lo. Fiz inúmeras intervenções, como onde colocarão os pássaros e o sapo, e onde a cobra ficará no cartaz e assim por diante.

As figuras foram levadas cortadas para ganhar tempo, pois não dispúnhamos de muito naquele dia, pois os alunos precisaram sair para a terapia.

A aluna estava recortando o que seria a água para ser colocada no cartaz.

Os alunos estão se ajudando a encapar o papel que foi recortado para fazer a água e ser colado no cartaz. Aqui, um aluno ajuda outra aluna que não tem todos os dedos das mãos devido à malformação congênita.

O aluno contornando as figuras que a colega sugeriu para fazer.

Contorno das figuras.

O aluno estava desenhando a árvore, a outra aluna escolhendo os animais para colocá-los no cartaz.

O tronco da árvore fui eu que desenhei. Aqui, a aluna cola o animal que escolheu na árvore.

A aluna colando o passarinho, figura escolhida por ela.

Aqui, um casal de alunos se ajuda na colagem dos animais.

O aluno cola o cartaz no quadro.

O cartaz depois de pronto.

Esta atividade trabalhou a coordenação motora fina e grossa; o respeito entre eles; o incentivo entre eles; a confiança de fazerem uma atividade, de serem autores dela. Além de respeitarem o tempo de cada um e de usarem a criatividade.

Os alunos no final bateram palmas.

Pode ser pouco para quem estiver vendo, mas para mim foi muito rico cada momento que passei com eles, pois aos poucos eles foram participando e tomando conta de um espaço que lhes pertencia há muito, mas que até então eles eram coadjuvantes. Agora eles se sentiam sujeitos de suas histórias.

Uma atividade simples que deu para trabalhar o meio ambiente, animais terrestres, aquáticos e aéreos. Claro que este trabalho não foi realizado todo de uma só vez. A parte da colagem durou um dia, mas as informações sobre os tipos de animais duraram alguns meses.

Aproveitei para falar do lixo, que não se deve jogá-lo em qualquer lugar, e os questionei sobre isso, o que eles achavam que deveríamos fazer com o lixo e o que aconteceria se todo mundo resolvesse jogá-lo em qualquer lugar. Trabalhei, ainda, outras questões que achei pertinente e que os ajudou a avançar no raciocínio sobre o tema.

9

Componente curricular: Formação Pessoal e Social

Duração: 1º semestre

Tema: Respeito

Justificativa:

Os alunos precisavam construir uma consciência de respeito às regras sociais para poderem respeitar os colegas e as outras pessoas, que faziam, ou não, parte da instituição, pois os alunos estavam brigando muito entre si, quando não se beijavam ou se abraçavam descontroladamente.

O tema foi trabalhado pelas professoras no intuito de que aprendessem a se respeitar e a se cumprimentar de forma correta, como abraçar o colega logo que ele chega e despedir-se dele na hora de ir embora, e não ficar beijando e abraçando os colegas ou qualquer outra pessoa que presta serviço na instituição, sem que haja motivos.

Objetivos

• Descobrir o que sabem os alunos a respeito de regras sociais e para que servem;

- Adequar o comportamento deles às situações sociais e cotidianas;

- Levá-los a refletir sobre determinadas ações que prejudicam a socialização deles com o grupo e fora dele;

- Identificar-se enquanto sujeito de sua identidade, podendo selecionar seu comportamento, de forma a representar-se socialmente de forma harmoniosa, sem gerar conflitos com o próximo;

- Entender-se como zelador do seu espaço, do seu tempo e de sua identidade.

Etapas previstas

1) Foi feito um levantamento prévio com os alunos em relação ao tema.

2) Leituras de histórias envolvendo a temática foram realizadas.

3) Rodas de conversa para que os alunos citassem atitudes que considerassem positivas para si e para os outros.

4) Houve socialização do tema trabalhado: respeito. Foram trabalhados filmes da coleção do Cocoricó, CD do Cocoricó e outros que tratavam do tema, assim como livros de história.

5) Houve incentivo para que os alunos verbalizassem suas observações sobre uma atitude que considerassem positiva para estimular sua prática.

6) Leituras de livros que falassem do assunto – reforçando a prática do cuidado, da autoestima, do respeito, da solidariedade – foram realizadas diariamente após a leitura dos combinados.

7) *Lição Respeito I*: Espelho, espelho. Discussão; respeito é saber que sou único e valioso. Definimos as palavras único e

valioso; respeito e o saber de ser amável e capaz. Atividade: espelho, espelho. Discussão/participação: foi observada a reação dos alunos quando se viram no espelho.

8) *Lição Respeito II*: Minhas mãos: respeito é sentir-se bem em relação a mim mesmo. Os alunos foram questionados quanto a se sentirem bem em relação a si mesmos. Atividade: impressão das mãos com o nome ao lado. Discussão em roda foi realizada no intuito de chamar a atenção para a realidade das mãos fazendo bem, ou mãos fazendo mal, como bater ou beliscar o outro. Cada aluno foi levado a refletir sobre as coisas boas ou ações que gostariam que suas mãos fizessem. A resposta de cada um foi escrita nas mãos deles desenhadas e recortadas de uma cartolina de cor vermelha, cor votada pelo conjunto de alunos.

9) *Lição Respeito III*: Música: do CD da Turma do Cocoricó.

10) *Lição Respeito IV*: Foi trabalhada a nomeação de alguma coisa de que gostavam em si. Os alunos que sabiam dizer as palavras boas que seus pais e que a professora usavam para descrever cada um, deveriam fazê-lo. Registrou-se na lousa e depois em um cartaz. Cada um pensou numa qualidade própria.

11) *Lição Respeito V*: Leituras de livros sobre o tema foram realizadas constantemente após a leitura dos combinados firmados por eles.

12) *Lição Respeito VI*: Foi trabalhado o respeito na escola, pondo em questão a forma de respeito. Eles foram levados a refletir se respeito é tratar bem os outros; o significado disso; a maneira de tratar bem os outros na escola; a maneira que o aluno gosta de ser tratado por seus colegas; pensar o contrário: de como gostariam de ser tratados.

13) *Lição Respeito VII*: A roda de conversa foi realizada todos os dias. Os alunos refletiram sobre o respeito às pessoas mais

velhas, lembrando dos doentes, dos que ficam em asilos, dos que utilizam cadeiras de rodas. Falaram das ações que podem ser desenvolvidas neste ano para que o respeito ganhe força e participaram de boas ações durante o período de aula na instituição, neste primeiro semestre.

Avaliação

No final desse projeto os alunos:

• Respeitavam o combinado.

• Procuravam cuidar para que os colegas não brigassem, mostrando o cartaz na parede que estava escrito que tinham que respeitar os amigos.

• Pararam com as brigas entres eles.

• Os que pegavam objetos dos colegas sem ordem desses também pararam com essa atitude.

• Aqueles que não queriam sentar com outro por dizer que não gostavam dele começaram a mudar de comportamento em relação a isso.

10

Modalidades organizativas
Projetos da Smece

Horta escolar

Duração: Um ano (dividido em primeiro e segundo semestre)

Primeiro semestre

Foi trabalhada a planta que nasce e desenvolve-se fora da terra.

No segundo semestre foi trabalhada a planta que nasce e desenvolve-se dentro da terra.

Justificativa

Foi dada a oportunidade aos alunos de aprenderem a produzir verduras e legumes, utilizando pequenos espaços na escola e em suas próprias casas.

Plantaram, colheram, prepararam e comeram. O conjunto de conhecimentos criou nos alunos bons hábitos alimentares e cuidados com a saúde e com o meio ambiente. Isso tudo ocorreu no primeiro semestre e terá continuação no segundo semestre.

Objetivos

• Organizar e registrar informações por meio de pequenos textos (relatórios), desenhos, listas de alimentos, quadros e gráficos, sob orientação do professor.

• Formular perguntas e suposições sobre horta orgânica.

• Comunicar de modo oral, escrito e por meio de desenhos, perguntas e suposições, dados e conclusões, respeitando as diferentes opiniões e utilizando as informações obtidas para justificar suas ideias.

• Valorizar atitudes e comportamentos favoráveis à saúde, em relação à alimentação e à higiene pessoal, desenvolvendo responsabilidade no cuidado com o próprio corpo e com o espaço em que habita.

Etapas

• Foi realizada uma pesquisa com os alunos para saber quem já participara do projeto.

• Coletaram-se informações com os pais sobre os hábitos alimentares das crianças.

• Foram propostas formas de registro, a fim de que as crianças comparassem os procedimentos efetuados e verificassem os processos de crescimento.

• Foi feita a colheita e higienização.

• Realizou-se o reparo da receita e degustação.

Avaliação

No final deste projeto os alunos:

• Compreenderam a importância do plantio orgânico e as desvantagens de se utilizar agrotóxicos.

• Perceberam que qualquer espaço, mesmo que pequeno, pode ser utilizado para o plantio.

• Adquiriram hábitos saudáveis de higiene no preparo dos alimentos.

• Perceberam a importância de uma alimentação saudável.

Projeto *Self-service*

Duração: Ano todo

Esse projeto teve a duração de um ano, mas foi dividido em primeiro semestre e segundo semestre.

O primeiro semestre foi monitorado por duas professoras da prefeitura durante o horário do almoço, assim como durante o horário do lanche, criando condições ao aluno de servir-se com autonomia no momento das refeições, incentivando a liberdade de escolha e criando hábitos alimentares mais saudáveis. Além de trabalhar postura, manuseio dos talheres e uso do guardanapo.

O projeto pode abranger muitas áreas do aprendizado, tais como Matemática, Ciências, Língua Portuguesa e questões ligadas à ética. Também fez com que os alunos desenvolvessem hábitos saudáveis tais como: a aceitação de maior variedade de alimentos, a escolha correta quanto à quantidade e à qualidade, o uso adequado de talheres, respeito aos colegas e maior sociabilidade, entre tantos outros.

O projeto teve início com a explicação da importância de lavar as mãos antes das refeições, da organização no refeitório, de servir-se corretamente, do uso adequado dos talheres, da postura correta para sentar-se para comer e do respeito aos colegas. A professora esteve acompanhando e orientando os alunos todos os dias antes e durante o *self-service*.

Foi um projeto que visou conscientizar os alunos da importância de consumir alimentos saudáveis, dentro de um cardápio equilibrado e rico em vitaminas, proteínas, carboidratos e sais minerais, por isso se estendeu no segundo semestre.

11

Síndrome de Down: uma abordagem psicoterapêutica

O trabalho desenvolvido foi pensado a partir da prática pedagógica com uma aluna, Janaína, 18 anos, com Síndrome de Down, que parecia apresentar sindactilia[10].

Ela não escrevia como os demais alunos que tinham as mãos e os cinco dedos em cada uma. A aluna tinha apenas um dedo em cada mão.

As atividades que a aluna fazia em sala de aula, pelo menos algumas, como: pintar com pincel, ou lápis de cor, e escrever, eram realizadas com o uso dos dois membros ao mesmo tempo.

Ela não sabia usar um dos membros para escrever e o outro para apoiar o papel, como é de costume um escriba o fazer.

Foi-lhe proposto um trabalho de adaptação para o uso de um instrumento que a auxiliasse na realização de muitas das atividades sugeridas em sala de aula.

Primeiro, se tentou o uso de um pincel enrolado com fita crepe em seu membro direito, pois ela é destra, para pintar.

---

10. Sindactilia é a separação incompleta dos dedos, ocasionalmente resultando em dedos conectados por uma membrana interdigital.

A aluna aceitou o desafio e conseguiu pintar, mesmo estando acostumada a utilizar os dois membros ao mesmo tempo, passou a ser incentivada a utilizar apenas um deles.

Segundo, se tentou a boca de uma garrafa de plástico presa com fita crepe ao seu membro, tendo algodão por dentro para servir de isolante da parede áspera de plástico, que havia sido lixada e que a incomodava toda vez que encostava ao seu membro.

Ela utilizou muito esse adaptador com lápis de cor e lápis de escrever.

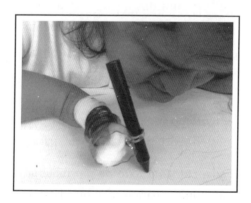

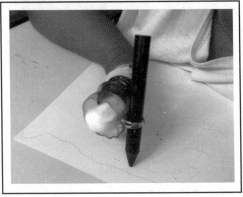

O problema passou a ser a troca da cor, pois todas as vezes em que se trocava a cor de um lápis era preciso tirar todas aquelas fitas e colocar outras, e ela vendo todo o trabalho que dava.

O objeto ainda não estava a contento, por ser de plástico e duro, além de não oferecer nenhum conforto para a aluna.

Outra preocupação foi o fato de se colocar a fita crepe no seu membro todas as vezes que ela o usasse. Não era nada prático o tal objeto pensado, além de ser dotado de uma estética que deixava a desejar.

Terceiro, o adaptador foi feito de um material resistente e ao mesmo tempo anatômico para o membro da aluna, apesar de ele ser um pouco pesado.

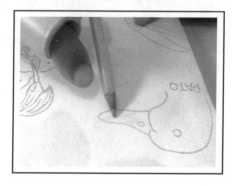

A preocupação maior com o uso desse instrumento de apoio foi com o fato de ele poder causar algum desgaste ósseo, ou algum dano na articulação, ou no tendão desse membro.

São realizados todos os dias registros do uso do adaptador pela aluna, para servir de estudos sobre as causas e os efeitos do instrumento de apoio.

Já se está a pensar em outro objeto que seja mais bonito, esteticamente falando, no membro da aluna, que possa não ser tão duro e tão pouco dotado de certo peso, mesmo que pequeno para o membro. A pesquisa, como se nota, ainda está em andamento, sem data de conclusão.

A aluna já tinha talheres adaptados para seu membro e dos quais fazia uso na hora do lanche. Procurou-se dar continuidade ao uso desses utensílios.

Ela mesma quem passava a margarina no pão, servia-se de suco; levava o lanche, o leite e o suco para a mesa.

A arrumação e limpeza da mesa também ficavam por sua conta, ou seja, se ao comer caísse farelo de pão, ou bolo, suco ou leite, ela mesma é quem deveria passar um pano para limpar e deixar tudo como estava, limpo, para que a outra turma pudesse encontrar da mesma maneira que ela encontrou.

Tudo isso foi uma forma de fazê-la dar valor ao lugar, a quem limpa e também a respeitar os colegas que lanchariam.

No começo foi assim, algumas tentativas acompanhadas de vários erros; depois, com o tempo de observação, percebeu-se que a aluna estava testando a professora e que, na verdade, ela pensava que seria feito por ela ou para ela. Como isso não aconteceu, ela aprendeu a respeitar os combinados.

Durante uma atividade de rotina, a aluna pediu para pegar os livros para leitura e distribuí-los.

Verificou-se, com isso, que ela não só sabia escolher, como também era capaz de criar mais opções para ela mesma; dessa forma, o trabalho de independência teve continuidade.

O lanche já havia sido trabalhado por uma das técnicas[11] do Casd, antes mesmo de a sala ser assumida pela professora. Procurou-se, nesse sentido, apenas manter o que ela já havia aprendido e ampliar essa aprendizagem.

A aluna não demorava a pegar o lanche, mantinha um ritmo todo seu e que era compatível ao de uma pessoa não deficiente.

Era importante manter esse ritmo de originalidade com o tempo, pois muitas pessoas pensam que os deficientes são "ler-

---

11. Terapeuta ocupacional do Centro de Atendimento à Síndrome de Down Bem-te-vi (Casd).

dos", ou "incapazes" de realizar determinadas tarefas, como a de montar o seu próprio lanche e o levar para o lugar onde se sentará para saboreá-lo.

Janaína passou a expressar sua aprovação ou desaprovação pelo trabalho que estava sendo realizado com ela, pois muitas vezes se negava a fazer atividades programadas para a sala de aula. Foi preciso incentivá-la a fazer, de forma a envolvê-la nas atividades daquele dia.

Foram sugeridas algumas atividades pedagógicas, em sala de aula, para que pudesse escolher, porém, independentemente de sua escolha, estaria realizando o trabalho proposto, chegando a atingir o objetivo esperado.

Por exemplo, era-lhe perguntado se queria ir ao banheiro antes ou depois do lanche. Ela estava escolhendo um horário e ao mesmo tempo não deixava de ir ao banheiro. Escolhia se queria servir-se primeiro do leite ou montar o seu lanche para levá-los até a mesa. Fazendo-a realizar a atividade proposta sem ter que medir forças com a aluna.

O ato de escolha também fez parte do currículo pensado para ser trabalhado com Janaína, pois a auxiliou na independência pessoal, para que não ficasse à espera de alguém para lhe ajudar a arrumar suas coisas, ou a montar seu lanche e a limpá-la.

O objetivo pensado para a aluna pautou no roteiro de anamnese[12] e num questionário preliminar; além de serem levados em conta: a psicogênese da língua escrita, para trabalhar a disciplina de Linguagem Oral e Escrita, e dos testes de níveis de inteligência estabelecidos por Piaget, para trabalhar a disciplina de Matemática.

---

12. Histórico da aluna.

A meta era trabalhar com a aluna as cinco áreas de desenvolvimento: motor, cognição, socialização, linguagem e autocuidados. No entanto, durante a avaliação diagnóstica, notou-se dificuldade maior em desenvolvimento motor e autocuidados. Procurou-se dar um enfoque nessas duas áreas constatadas com maior dificuldade pela aluna.

Durante a pesquisa a aluna foi sinalizando suas dificuldades, seus anseios, sua vontade em realizar algumas das atividades que ela não realizava sozinha, como trocar o absorvente.

O trabalho foi pautado num planejamento educacional para atender aos alunos com Síndrome de Down de uma instituição de Jundiaí, Centro de Atendimento à Síndrome de Down Bem-te-vi, cidade do interior de São Paulo.

Houve um estudo aprofundado sobre suas reais capacidades e habilidades para poder ampliá-las.

A aluna não trocava o absorvente; não se limpava sozinha após defecar; não arrumava a sala de aula juntamente com os outros colegas sem supervisão.

A técnica de observação e registro foi utilizada com a aluna em algumas de suas ações, como: andar, sentar, brincar, dançar, limpar, e em todas as atividades que os colegas faziam e que ela muitas vezes se negava fazer, inclusive escrever, pintar, recortar; o que levou a se estudar um meio de incentivá-la a escrever e a trocar o absorvente, além de limpar-se após suas necessidades fisiológicas, mas sem supervisão.

No trabalho com a área de desenvolvimento de autocuidados, precisou de auxílio com a roupa, embora a aluna soubesse se vestir, chegou a vir com roupas não apropriadas para sua independência na autonomia: calça com zíper e botão.

Foi pedido para a mãe mandar-lhe calças de elástico na cintura, deixando a calça jeans de bolso, zíper e botão aposentadas naquele momento.

A intenção não era abandonar o uso desses tipos de roupas, mas que primeiramente ela treinasse como fazer a troca para poder expandi-la para as outras, que apresentavam um grau de dificuldade maior.

No banheiro, todas as vezes que Janaína ia trocar o absorvente, e não o sabia fazer sem supervisão, pedia-se a ela que tirasse a calça, e era ajudada da seguinte forma: a mão direita da professora sobre o seu membro do lado direito e a mão esquerda sobre o membro esquerdo da aluna. Juntas executavam os movimentos de tirar a roupa e de vesti-la, assim como o de limpar e de trocar o absorvente. Essa atividade foi realizada inúmeras vezes, levando a aluna à capacidade de fazer sozinha.

Verificou-se que a prática pedagógica incentiva o trabalho com autonomia ou heteronomia, e como isso foi aplicado em sala de aula: investigação, por meio do plano de trabalho do professor para a aluna deficiente; se o plano foi adaptado às características da aluna; se foi significativo no intuito de fazer parte da realidade dela.

Foi possível aliar a teoria aos trabalhos empíricos decorrentes dos procedimentos de legitimação e intervenção pedagógicas na sala de aula. Em termos de educação, trabalhar com a Janaína significou ampliar a participação dos envolvidos no processo de ensinar.

Diante de um panorama investigativo e questionador que foi todo o trabalho desenvolvido, pode-se dizer que a prática pedagógica implicou mudanças na concepção de educação desta aluna com Síndrome de Down, além de propiciar a revisão dos conceitos, metodologias e objetivos da educação escolar.

O olhar para a aluna era o de agente transformador da sociedade, que deve respeitar e incorporar a diversidade humana, além de desenvolver sua autonomia e independência; teve um grande avanço global.

Procurou-se trabalhar a identidade da aluna a partir dos espaços ocupados por ela, assim como o tempo que se utilizava para se orientar na sua vida cotidiana. Sendo assim, várias práticas sociais foram levadas para a sala de aula, no intuito de verificar qual o conceito de identidade que se havia construído e que lugar ocupava na vida social.

Algumas dessas práticas se tornaram permanentes: o uso do espelho na hora da escovação; o uso da ficha de chamada; as músicas que trabalharam os nomes de cada um; a leitura constante dos cartazes das estações do ano, dos meses do ano; do calendário: os dias da semana e a data.

A metodologia aplicada foi de atividades baseadas em procedimentos vivenciados em sala de aula que propiciaram orientações à aluna, no sentido de aprimorar conceitos e práticas educacionais especiais associadas aos trabalhos diários da docente e da aluna na escola, o que tornou possível o aperfeiçoamento das práticas de ensino-aprendizagem que comprovam a eficácia de uma educação para integrar diversidade e diferenças.

As informações sobre cálculo, leitura e escrita eram construídas num coletivo, procurando preservar a coerência metodológica, científica, política e cultural face aos desafios provenientes dos ambientes nos quais os alunos precisam operacionalizar seu aprendizado.

Foi utilizado um questionário preliminar aberto que se investigou o que os pais sabiam a respeito das necessidades educacionais especiais, alguns conceitos como educação especial, deficiências, habilidades, competências, necessidades especiais.

Investigou-se que tipo de objetivo fora traçado para a deficiente, se era o mesmo que os demais da sala ou se correspondia a um objetivo heterogêneo ou homogêneo.

O trabalho contemplou os objetivos propostos. Sabe-se que ainda há muito a ser trabalhado, não quer dizer que ele se encerrou ou mesmo que foi "uma maravilha", pois como toda pesquisa ele tem seus pontos positivos e negativos. Há o que se pensar para um novo trabalho, pois detalhes foram sendo apresentados durante esse percurso pedagógico.

Procurou-se não perder o eixo de estudo, centrando em alguns pontos e também porque se acreditava, como ocorreu, ser possível um bom trabalho com a Janaína e que ela avançaria mais e mais, dentro do seu tempo de aprendizagem.

Constatou-se que a participação da aluna na montagem dos projetos, do plano pedagógico e de outras ações educativas, levou-a a ser mais participativa em sala de aula.

Foi de suma importância o entender do papel de não ser "babá" de alunos com Síndrome de Down, e acreditar que eles são capazes de pensar e aprender; que os alunos são capazes de realizar passeios, atividades físicas e educacionais.

O trabalho pedagógico pensado para Janaína era atrevido a ponto de tentar de tudo: enrolar, pular, arrastar, brincar, jogar bola..., pois o fato de acreditar que ela é que apontaria, dizendo se dava para determinada atividade ser realizada ou não, fez várias atividades servirem de ensaio da aprendizagem.

Quando ela não queria, estimulava-a de forma ora indireta, ora direta. A primeira elogiando um amigo, ou mesmo fazendo várias vezes com ela para ter a confiança para a ação que realizaria.

A segunda batendo palmas acompanhadas de um "muito bem" e proferindo seu nome, ou mesmo fazendo com ela.

Aprendeu-se com ela que não se pode trabalhar "achismos"[13] com alunos que têm a Síndrome de Down, mas se precisa assisti--los enquanto pessoas que sonham, desejam, correm, andam, falam, choram, têm sentimentos e pensam.

Os resultados por ora apresentados indicam a satisfação da professora em realizar o trabalho pedagógico, pois a aluna se mostrou mais crítica, participativa, independente e autônoma.

Apesar das dificuldades quanto à disponibilidade de tempo e auxílio financeiro para transporte e despesas para realização de alguns projetos, a prática pedagógica implementada foi enriquecedora.

---

13. Achismos referente a descrições sem fundamentações teóricas.

Conclusão

O trabalho com esses alunos que têm Síndrome de Down foi muito rico para mim. Não me deixou estagnar na criatividade e nas pesquisas que precisei fazer.

Atualmente tenho contato com poucos deles, mas mesmo assim não os esqueço. Não trabalho mais na instituição, agora estou trabalhando em outra escola.

Posso dizer que todos os profissionais que olham para as pessoas com deficiência e enxergam a pessoa têm um resultado positivo no seu trabalho. Mas, os que enxergam apenas a deficiência e ficam preocupados em rotulá-las, ou acham que a deficiência determina a aprendizagem, o que não é verdade, acabam por terem resultados negativos no trabalho.

As pessoas com deficiências são capazes de "pensar com seus próprios pensamentos". Somos nós que não conseguimos acompanhá-las. Em meu modo de ver, somos nós os deficientes.

É importante que o professor, ou qualquer um que desenvolva um trabalho com pessoas que tenham qualquer deficiência, estejam sempre lendo, participando de congressos, discutindo com grupos de estudos a fim de promover seu conhecimento em detrimento da sua prática pedagógica. Que os alicerces sejam bem-estruturados e que se possam construir muitas pontes entre o objeto do conhecimento e os sujeitos da aprendizagem.

Só posso ratificar que cada um que leia este livro o tome como sugestão de práticas sociais que podem e devem ser trazidas para dentro da sala de aula.

Podemos abusar da criatividade, da ousadia, da insistência.

Espero, sinceramente, que os gestores da educação não olhem com desdém para os seus alunos que, deficientes ou não, trazem conhecimento de mundo, e que devem ser explorados, ampliados e trocados como outros conhecimentos trazidos para a sala de aula.

O profissional tem como deixar o ambiente mais agradável, rico, colorido.

Não trabalhamos sozinhos, precisamos de parceiros, e para isso precisamos buscar no outro que está próximo um jeito de trabalhar por meio da troca constante.

Eu tive a oportunidade de ter alguém do meu lado que quis aprender comigo e trocar também. Posso dizer que eu aprendi e troquei muito com todos.

Espero que o leitor possa refletir sobre a pessoa com Síndrome de Down, no sentido de que elas são capazes de fazer, de acontecer e de construir.

Obrigada a todos os alunos e a seus pais, que confiaram seus filhos, que são tesouros dessa vida, a mim, aos meus conhecimentos.

Referências

ARROYO, M.G. *Ofício de mestre*: imagens e autoimagens. Petrópolis: Vozes, 2000.

BAPTISTA, A. (elab.) et al. *Proposta curricular para o ensino de Geografia*: 1º Grau. São Paulo: Governo do Estado de São Paulo/ Secretaria de Estado da Educação/Coordenadoria de Estudos e Normas Pedagógicas, 1991.

BORTONI-RICARDO, S. *Educação em língua materna*: a sociolinguística na sala de aula. São Paulo: Parábola, 2004.

BOURDIEU, P. & PASSERON, J.C. *A reprodução* – Elementos para uma teoria do sistema de ensino. Rio de Janeiro: Francisco Alves, 1975.

DAVIS, R.D. *O dom da dislexia* – Por que algumas das pessoas mais brilhantes não conseguem ler e como podem aprender. Rio de Janeiro: Rocco, 2004.

FERREIRO, E. *Reflexões sobre a alfabetização*. São Paulo: Cortez/ Autores Associados, 1987.

FREIRE, P. *Pedagogia da indignação* – Cartas pedagógicas e outros escritos. São Paulo: Unesp, 2000.

_____. *Pedagogia da autonomia* – Saberes necessários à prática educativa. São Paulo: Paz e Terra, 1996.

_____. *A importância do ato de ler*: em três artigos que se completam. São Paulo: Cortez/Autores Associados, 1990.

GADOTTI, M. *Escola vivida, escola projetada*. Campinas: Papirus, 1990.

KAMII, C. *A criança e o número* – Implicações educacionais da teoria de Piaget para a atuação junto a escolares de 4 a 6 anos. Campinas: Papirus, 1987.

MANTOAN, M.T.E. *Caminhos pedagógicos da inclusão* – Como estamos implementando a educação (de qualidade) para todos nas escolas brasileiras. São Paulo: Memnon, 2001.

MANZINI, E.J. (org.). *Educação Especial*: temas atuais. Marília: Unesp, 2000.

OMOTE, S. (org.). *Inclusão*: intenção e realidade. Marília: Fundepe, 2004.

Revista Brasileira de Educação Especial, vol. 10, n. 2, 2004. Marília: ABPEE/FFC-Unesp, 2004.

SALUN, F.C. & STEGUN, M.C.B. *Alfabetização de pessoas com Síndrome de Down*: a qualidade faz a diferença. Campinas: Fundação Síndrome de Down, 2000.

SANTOS, S.M.P. *Brinquedoteca*: sucata vira brinquedo. Porto Alegre: Artes Médicas, 1995.

SILVA, T.T. (org.).; HALL, S. & WOODWARD, K. *Identidade e diferença*: a perspectiva dos estudos culturais. Petrópolis: Vozes, 2000.

ZAMBONI, E. (elab.) et al. *Proposta curricular para o ensino de História*: 1º Grau. São Paulo: Governo do Estado de São Paulo/ Secretaria de Estado da Educação/Coordenadoria de Estudos e Normas Pedagógicas, 1992.

Conecte-se conosco:

f facebook.com/editoravozes

◉ @editoravozes

𝕏 @editora_vozes

▶ youtube.com/editoravozes

☎ +55 24 2233-9033

www.vozes.com.br

Conheça nossas lojas:

www.livrariavozes.com.br

Belo Horizonte – Brasília – Campinas – Cuiabá – Curitiba
Fortaleza – Juiz de Fora – Petrópolis – Recife – São Paulo

  Vozes de Bolso

EDITORA VOZES LTDA.
Rua Frei Luís, 100 – Centro – Cep 25689-900 – Petrópolis, RJ
Tel.: (24) 2233-9000 – E-mail: vendas@vozes.com.br